HANS DONAT

MOTORSEGLER

DELIUS KLASING VERLAG

ISBN 3-87412-083-X

© Copyright by Verlag Delius, Klasing & Co, Bielefeld
Printed in Germany 1987
Umschlag: Hans Donat/Ekkehard Schonart
Texte: Hans Donat, bearbeitet von Sigrid Linnecken
Zeichnungen: Hans Donat (z. T. nach Quellen s. S. 169),
bearbeitet von Heike Dien und Renate Schöning
Test- und Daten-Analysen: bearbeitet von Sigrid Linnecken
und Imke Schröder
Druck: Kunst- und Werbedruck, 4970 Bad Oeynhausen

Inhalt

Vorwort

Den Motorsegler schlechthin gibt es nicht. Es gibt aber Motorsegler. Sie sind eingebettet in die Vielfalt der Yachttypen mit den beiden Antrieben Motor und Segel. Es gibt weder den idealen Motorsegler-Rumpf noch das ideale Motorsegler-Rigg. Motorsegler sind mit dem Begriff des „Fifty-Fifty" behaftet – eine Bezeichnung, die in den Ohren vieler „Wischi-Waschi" oder „Zwitter" heißt. Das ist aber genauso wenig richtig wie die Behauptung, den „Hundert-Hundert" zu bauen. Hinzu kommt, daß die Zielvorstellungen des Einzelnen so breit gefächert sind, daß sich die Grenzen zu den anderen Bootsgruppen überschneiden, ja verwischen. Doch das ist überall so, wo mit viel Engagement und hohem finanziellen Einsatz ein optimaler Kompromiß gesucht wird.

Bisher (!) ist der Motorsegler unter den segelnden Yachten noch frei von Formelzwängen für Regatten – nicht etwa, weil man vom Geschwindigkeitspotential unter Segeln nicht an Regatten teilnehmen könnte, sondern weil der Eigner zugunsten anderer Neigungen darauf verzichtet.

Ich will hier nicht polemisieren, aber ich habe in den Analysen zu diesem Buch so viele als klassisch angesehene Fahrtensegler gefunden, ausgestattet mit allen Attributen des Motorseglers, nur durch das Fehlen des eingedeckten Steuerstandes als segelnde Fahrtenyacht getarnt, daß mir auf der Zunge liegt zu sagen:

Die moderne Fahrtenyacht der nächsten Jahre ist der einwandfrei segelnde Motorsegler. Und die, die sich voll zum Segeln bekennen, werden den Cruiser-Racer fahren. Dabei muß man davor warnen, zu glauben, daß ein Motorsegler sei, was ein Dach über dem Cockpit hat. Es gehört mehr dazu, ein guter Motorsegler zu sein. Was, das habe ich versucht, auf den folgenden Seiten darzustellen.

Hans Donat

Einführung

Viel zu viele Interessierte halten den Motorsegler für eine Yacht, auf der man überwiegend beide Antriebe zusammen einsetzt. Das ist falsch. Es gibt eine Menge Gründe, warum man das nicht tut oder nicht tun kann:

1. Bei gutem Wind wird man nicht viel schneller, wenn man den Motor zuschaltet.

2. Bei gutem Wind ist man froh, wenn man den Motor nicht hören, riechen und spüren muß.

3. Die Segel sind für den kombinierten Antrieb nicht richtig geschnitten. Wären sie das, würde das Boot ohne Motor schlechter segeln.

4. Der Propeller ist auf fast allen Motorseglern unter 16 m nicht verstellbar, so daß man mit zugeschaltetem Motor immer mit einem sehr schlechten Wirkungsgrad und im schlechten Teillastbereich fahren würde.

Ich meine, man muß den Motorsegler als ein Fahrzeug sehen, mit dem man ohne Mühe (mit Reffanlage) segeln kann. Geht's aufgrund der Windlage nicht so gut, muß der Motor so komfortabel sein, daß man ihn gerne und ohne Angst anstellt. Außerdem ist man dem Wetter nicht so ausgesetzt, wie auf einer reinen Segelyacht. Das sind, glaube ich, die wesentlichen Punkte, durch die sich der Motorsegler von der Segelyacht unterscheidet. Vermutlich wird man auch den Eigner mentalitätsmäßig anders einstufen müssen als den reinen Segler oder den reinen Motorbootfahrer, aber das steht hier nicht zur Diskussion.

Wenn man ein Boot beurteilen will, muß man es seiner Umgebung zuordnen, um es so besser einschätzen zu lernen. Das Auge und das Gefühl reichen dafür nicht aus. Es reichen auch nicht die üblichen Daten, die man so in einem Prospekt bekommt. Erst durch die rechnerische Verknüpfung dieser Werte, mit denen anderer Schiffe lassen sich tiefer gehende Aussagen machen. Zahlen, die man auf diese Weise durch Rechnung erhält, heißen Kennwerte und sind meist mit dem Begriff „relativ" oder „spezifisch" behaftet. Auch oder besonders in diesem Buch werden Sie auf einige die-

7

ser Kennwerte stoßen und sie benutzen müssen, wenn Sie Motorsegler kennenlernen wollen. Das fängt mit der relativen Geschwindigkeit an und geht über relative Besegelung, spezifischen Verbrauch bis hin zur relativen Verdrängung. Damit Sie mit diesen Werten etwas anfangen können, sind sie im Anhang ausführlich erklärt.

Das erste Kapitel beschäftigt sich kurz mit der Entwicklung des Motorseglers. Dann folgen die Antworten von drei Dutzend Werften, Importeuren und Konstrukteuren von Motorseglern auf die Frage, was denn ein Motorsegler sei.

Das dritte Kapitel beschäftigt sich mit der Frage, ob der Motorsegler schlicht und einfach ein mäßiger Kompromiß ist oder etwa das Beste aus zwei Welten hat, der des Segelns und des Motorens.

Durch Übereinanderkopieren von verschiedenen Bootstypen und dem Vergleich der Daten wird der Blick für die Unterschiede zwischen Segelyacht und Motorsegler bzw. Motoryacht und Motorsegler geschärft. Dann werden die Merkmale des Motorseglers kurz umrissen und schließlich die Hauptteile, der Rumpf, das Rigg und der Motor besprochen. Ein wesentlicher Aspekt, der Motorsegler auszeichnet, wird im Kapitel „Komfort und Sicherheit durch Technik" beleuchtet.

Ebenfalls ein eigenes Kapitel ist dem Thema „Fahren mit zwei Antrieben" gewidmet und im letzten Abschnitt wird die Frage, wie denn die Yachten der nahen Zukunft aussehen könnten, gestellt.

Am Ende finden Sie einen Anhang, in dem u. a. alle im Buch aufgeführten Boote mit den technischen Daten noch einmal listenartig zusammengestellt sind, um Ihnen einen besseren Vergleich und Überblick zu bieten.

Wenn Sie einen bestimmten Begriff oder Bootsnamen suchen, bedienen Sie sich bitte des alphabetischen Registers am Schluß des Buches.

Auf jeden Fall möchte ich darauf hinweisen, daß es am Ende des Buches, vor dem alphabetischen Stichwortverzeichnis, eine Tabelle gibt, in der alle Schiffe, die in diesem Buch erwähnt werden (s. S. 172), mit technischen Daten nach Längen geordnet sind. Dort finden Sie auch die Seitenzahlen, wo mehr über das Boot geschrieben steht.

Motorsegler –
Produkte ihrer Zeit

Die Entstehung des Motorseglers geht in die 30er Jahre zurück, als man anfing, Segelyachten mit starken Motoren auszurüsten. Es entstand der Begriff des Fifty-Fifty. In seiner Urform sollte dieser Begriff „50 : 50" aussagen, daß zwei vollwertige Antriebe vorhanden sind. Ende der 50er, Anfang der 60er Jahre nahm sich die Werbung dieser Bootsgruppe an und

Die Saga (Konstrukteur: H. Stichnoth) war ein sehr solider Knickspant-Motorsegler, der in Stahl oder Sperrholz zum Selbstbau angeboten wurde. Ein kleiner Motorsegler, der vor 15 bis 20 Jahren als ausgesprochen gelungenes Boot bezeichnet werden konnte.

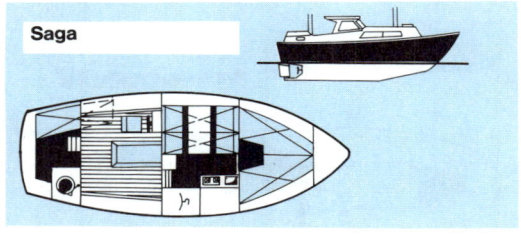

Vergleicht man die Saga mit der nach heutigem Geschmack gestylten und wohldurchdachten Konstruktion der Winga (Konstrukteur: R. Eliasson), so wird deutlich, wieviel sich doch im

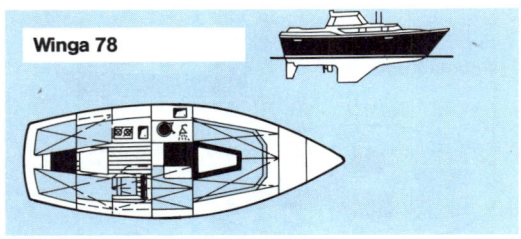

Yachtbau getan hat. Auch die Ansichten über die Konstruktion des Unterwasserschiffes sind durch Welten getrennt. Durch fast 1,5 t weniger Verdrängung ist bei gleicher Segelfläche und gleicher Motorisierung die Winga natürlich wesentlich schneller.

9

machte aus dem 50/50 einen 90/90, ja sogar einen 120/100 usw. Der Begriff des Fifty-Fifty schrumpfte zusammen und definierte in den 60er Jahren nur noch einen, aus heutiger Sicht, schlechten Kompromiß mit zu voluminösen Rümpfen und zu kleinen Riggs. Unter Segeln war kaum noch Weg nach Luv zu fahren, ein Kriterium, das ein Motorsegler auch unter ungünstigen Bedingungen erfüllen muß. In den 70er Jahren begannen die Konstrukteure immer mehr Einrichtungsdetails der Motoryachten in die Fahrtenyachten hineinzukonstruieren – eine Entwickung, die schließlich zu dem heute modernen Motorsegler führte.

Wenn man 15 bis 20 Jahre zurückblickt und die Motorsegler jener Zeit mit den Yachten vergleicht, die wir heute als Motorsegler betrachten, sieht man doch, wie sehr sich der Yachtbau gewandelt hat. Wir haben im Archiv

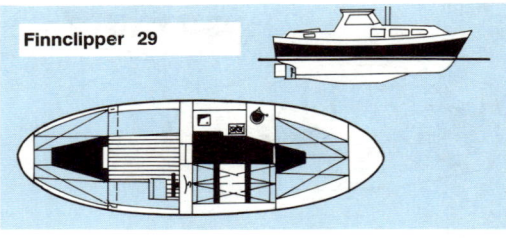

Finnclipper 29

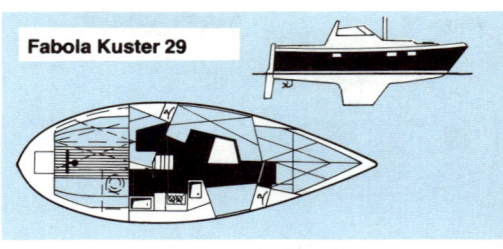

Fabola Kuster 29

Der Finnclipper (Werft: Turun Veneveistämö) wurde von vielen Leuten für einen richtigen Motorsegler gehalten. Ursprünglich ein Motor-kutter, bolzte man ihm etwas Kiel unter und setzte ihm ein relativ klei-nes Rigg drauf. Und obwohl er kaum mehr als halben Wind segeln konnte, waren viele Eig-ner sehr zufrieden. Damit verglichen ist die Fabola (Konstrukteur: Lindquist, Werft: Fabola/ Schweden) ein richtiger Segler. Dennoch ist sie ein Motorsegler. Der Motor scheint etwas schwach zu sein, doch ist anzunehmen, daß sie gut Rumpfgeschwindigkeit fährt, und mehr sollte man von so einem Rumpf nicht erwarten.

von KLASINGS BOOTSMARKT INTERNATIONAL gestöbert, einige beliebte Motorsegler von 1965, die sich bis Mitte der 70er Jahre auf dem Markt hielten, herausgesucht und stellen sie im folgenden mit heute als modern und fortschrittlich geltenden Motorseglern in Vergleich.
Die Hauptabmessungen sind in der Tabelle rechts zusammengefaßt.
Es muß einschränkend zu diesem Vergleich gesagt werden, daß er nicht

vor 20 Jahren jetzt	Saga	Winga 780	Finnclipper	Fabola 29	La bête malouine	MRCB	Halberdier	Espace 1100	Banjer	Southerly 115
Länge (m)	8,00	7,85	8,90	8,80	10,50	11,00	11,00	11,00	11,13	11,25
Breite (m)	2,90	2,92	2,78	2,95	3,30	3,66	3,38	3,65	3,48	3,62
Tiefg. (m)	0,95	1,20	0,90	1,35	0,70	0,50	1,53	1,65	1,40	0,69
Verdr. (t)	4,40	3,20	3,50	2,70	5,25	5,00	9,10	5,80	12,20	6,60
Segel (m²)	34,00	27,00	25,00	31,00	55,00	35,00	58,00	44,00	28,00	55,00
Motor (kW)	19	17	53	13	70	121	30	37	66	26
Länge : Breite	2,76	2,69	3,20	2,98	3,18	3,00	3,25	3,01	3,20	3,11
Motor kW/t	4,32	5,67	15,14	4,81	13,33	24,20	3,30	6,38	5,41	3,94
Besegelung m²/t	7,72	11,00	7,14	11,48	10,48	8,80	6,37	7,59	2,30	8,33
rel. Segelfläche	3,64	3,53	3,85	3,98	4,26	3,46	3,64	3,73	2,30	3,97
rel. Verdr.	16,55	11,44	7,32	5,25	6,72	5,75	12,69	7,45	11,81	8,42

Die Tabelle zeigt jeweils zwei etwa gleich lange Motorsegler, einer davon aus den 60er Jahren, der andere von heute. Die Zahlen sind zwar nicht so aussagekräftig wie die Zeichnungen, dennoch ist eindeutig, daß die Boote alle wesentlich leichter geworden sind und relativ mehr Segelfläche haben. Das wird besonders in der Zeile der
„relativen Segelfläche" ($\sqrt{Segelfläche}$ / $\sqrt[3]{Verdr.}$)   und der „Besegelung"
(m²/t) deutlich. La Bete Malouine und MRCB muß man als Sonderfälle betrachten, was auf der nächsten Seite aus der Zeichnung eindeutig zu ersehen ist.

11

für das ganze Spektrum der Yachten repräsentativ ist, vielmehr wurde versucht, den Trend aufzuzeigen. Yachten, besonders Kutteryachten mit zeitlosem Design, wie vor 20 Jahren, werden auch heute noch angeboten und auch sie finden ihre zufriedenen Eigner. Nur muß man, wenn man heute von Motorseglern spricht, andere Maßstäbe und Gesichtspunkte berück-

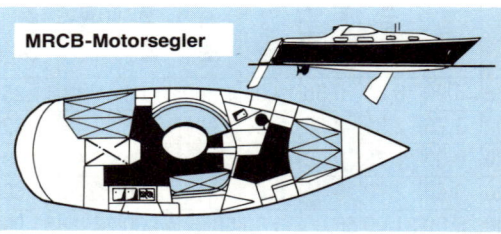

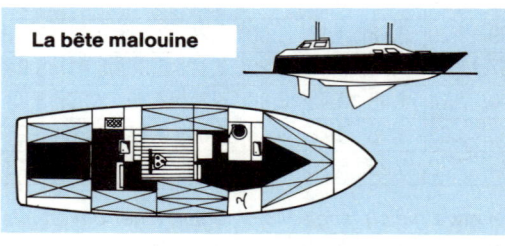

Diese beiden Motorsegler zeigen eine Entwicklungsparallele. Die La Bete Malouine wurde allerdings ca. 15 Jahre früher konstruiert. Sie stellt ein fast identisches Konzept dar wie der MRCB-Motorsegler: extrem starke Motorisierung, das Schwert (um bei schneller Motorfahrt den Widerstand zu verringern) und ein Styling, das jeweils zu seiner Zeit als sehr fortschrittlich, fast futuristisch zu bezeichnen ist.
Was auf den ersten Blick auffällt, wenn man die Motorleistung und die Segelfläche vergleicht: der MRCB-Motorsegler hat fast doppelt so viel Motor, aber weniger Segel. Trotzdem kann man die Segeleigenschaften als vergleichbar gut einstufen, und unter Motor ist der MRCB ohnehin viel schneller (17 kn). Das Handicap, mit beiden Antrieben optimale Verhältnisse zu erreichen, ist immer der starre Rumpf. Beim MRCB hat man versucht, dieses Problem mit großen, hydraulisch gesteuerten Staukeilen (s. S. 151) in den Griff zu bekommen.

sichtigen. Kurz gesagt: Auch der Begriff „Motorsegler" muß der Entwicklung der Yachten angepaßt und den neuesten Konstruktions- und Baumethoden sowie dem Stand der Technik und der Entwicklung entsprechend modifiziert werden. Demnach versteht man heute unter „Motorsegler" eine Yacht mit zwei vollwertigen Antrieben (Segel und Motor) – eine

Hier zwei Vertreter, zwischen denen nicht nur viele Jahre Yacht-Entwicklung liegen, sondern Weltanschauungen. Die Banjer – Klassiker, robust, schwer, unverfälscht und stilgerecht dem Fischkutter nachempfunden, mit allen Vor- und Nachteilen eines solchen „Dampfers" in leichtem und schwerem Wetter.

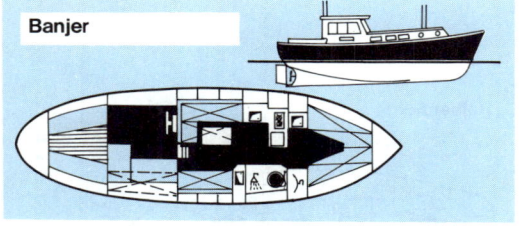

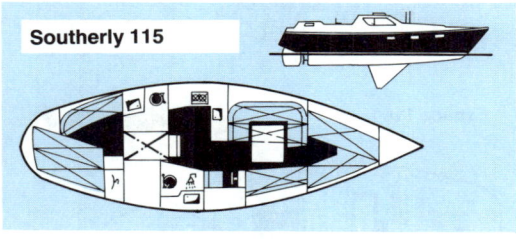

*Demgegenüber zeigt die Southerly alle positiven Merkmale, die man einem so flachgehenden Fahrtenschiff zugestehen kann, das von Kon-*strukteur und Erbauer als Motorsegler konzipiert worden ist. Der unbestreitbare Vorteil einer solchen Schwert-Konstruktion mit Rumpfballast war zur Geburtsstunde der Banjer konstruktiv nur mit relativ ungeeigneten Mitteln zu lösen. Heute beherrscht man auch schwere Schwenkkiele mit geeigneten Hydrauliks ohne weiteres. In diesem Vergleich wird aber auch deutlich, vor allen Dingen im Vergleich der Zahlen, daß eine Kutteryacht, stilgerecht gebaut, dem Anspruch „moderner Motorsegler" nicht mehr gerecht werden kann.

Paarung, die dem Zeitgeist entspricht, eine termingerechte Reise sichert und Seemannschaft, Technik, Ästhetik und Komfort in optimaler Weise verbinden sollte. Eine sehr hoch angesetzte Definition, die natürlich nur in den Spitzenprodukten dieser Bootsgattung wirklich erreicht wird. Auf die Einzelheiten dieser Merkmale wird im Kapitel „Kennzeichen eines Motorseglers" im einzelnen eingegangen.

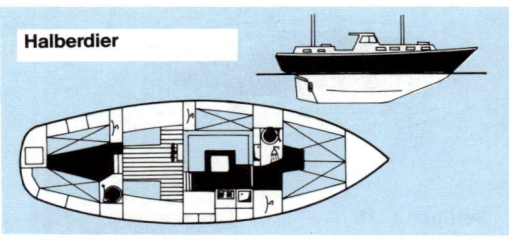

Halberdier

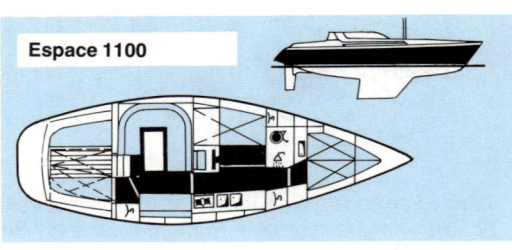

Espace 1100

Diese beiden gleich langen Artgenossen zeigen noch deutlicher als Saga/Winga oder Finnclipper/Fabola, was sich in den vergangenen zwei Jahrzehnten getan hat. Halberdier hat die konventionellen Linien eines für die 60er Jahre soliden Fahrtenschiffes und das seit vielen Jahren für Motorsegler angeblich unverzichtbare Statussymbol — den eingedeckten Steuerstand.
Das Raumkonzept: Mittelcockpit mit einem Steuerstand, Salon mit Pilotkoje und Pantry sowie 2 getrennte Schlafkammern.
Dem steht mit der Espace ein moderner Motorsegler gegenüber mit einem Raumkonzept, das vor 20 Jahren höchstens in ein 13-m-Schiff paßte: Decksalon mit Radsteuerung und großzügiger U-Dinette, Achtercockpit mit Pinnensteuerung, 3 getrennte Schlafkammern, eine räumlich getrennte Pantry.

Was ist ein Motorsegler — Meinung der Fachwelt

Ich habe bei den Recherchen zu diesem Buch gleichzeitig allen Beteiligten die Frage gestellt, was ein Motorsegler denn sei.
- Eine Segelyacht mit viel Komfort?
- Eine Motoryacht mit Stützbesegelung?
- Ein 50/50, 90/80, 130/110 oder was sonst?

Die Antworten kamen so zahlreich zurück, daß ich hier nur einen stark reduzierten, aufs Wesentliche gestutzten, aber im Tenor repräsentativen Querschnitt bringen kann.

Meine Überraschung war groß, denn ich hatte vermutet, daß man aus verschiedenen Beweggründen die Segeleigenschaften nicht so deutlich in den Vordergrund stellen würde. Das war aber nicht der Fall, doch lesen Sie selbst. Hier wird von den führenden Leuten der Motoseglerbranche ziemlich übereinstimmend und sehr deutlich die Bootsgattung Motorsegler definiert:

Friedrich Barthel —
Yachtkonstrukteur/Sextant

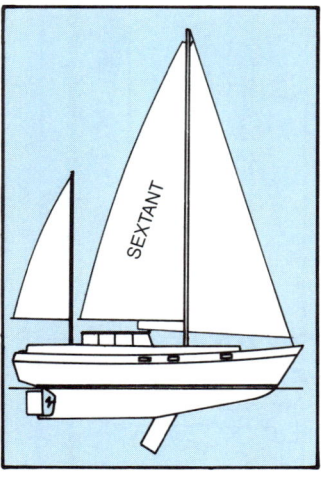

. . . Der Motorsegler ist das ideale Fahrtenboot! Das gilt allerdings nur, wenn Geschwindigkeit nicht die wichtigste Rolle spielt und keine ernsthaften Regatta-Ambitionen vorhanden sind. Die Entwicklung des Motoseglers ist wohl über 50 Jahre alt. Beeinflußt wurde sie durch den Bau spezifisch leichterer Motoren und durch Baumethoden spezifisch leichterer Schiffe. Wahrscheinlich begann die Entwicklung in den 20er Jahren, als in den USA für diesen Schiffstyp die Bezeichnung „Fifty-Fifty" aufkam. Dabei sollte ausgedrückt werden, daß das Boot sowohl unter Segeln als auch unter Motor gleich gute Eigenschaften hat. Die Werbung machte sich diese Bezeichnung zunutze und so entstand der 80/20, ja sogar der 80/40 oder der 80/80. Diese Behauptung ist natürlich unter technischer Betrachtung nicht haltbar, da Vorteile auf der einen Seite Nachteilen auf der anderen Seite gegenüberstehen. So muß man sagen, daß der Motorsegler immer ein Kompromiß ist. Dieser Kompromiß bietet besonders auf unseren Breiten aufgrund der Witterung Vorteile bezüglich des Wohnkomforts und des eingedeckten Steuerstandes.

Aus technischer Sicht ist es natürlich völlig unmöglich, Segel- und Motoreigenschaften gleichmäßig in einem Rumpf zu vereinigen, da das Segelboot viel, die Motoryacht nur wenig Formstabilität benötigt. So wird ein Motorboot niemals einen außen liegenden Ballastkiel fahren, während er zur Aufnahme der Querkräfte bei Segelbooten Grundbedingung ist. Aus diesem Grund wird ein Motorsegler nie die Geschwindigkeit erreichen können, die eine Motoryacht unter Motor erreicht, und niemals die Segeleigenschaften haben, die man von einer reinen Segelyacht erwartet.

Castlemain —
Importeur div. Yacht-Programme

. . . Wir verstehen unter einem Motorsegler einen 50/50, d. h. wertgleiche Antriebsanlagen. Bei dem heutigen Trend kann eine komfortable Segelyacht mit einem starken Motor und eingedecktem Steuerstand durchaus als Motorsegler bzw. als ideale Fahrtenyacht angesehen werden.

Conyplex — Yachtwerft/Contest

Ein Motorsegler soll unserer Meinung nach eine vorzüglich segelnde Yacht sein, die ausreichend motorisiert ist. Ein gut zugänglicher und optimal isolierter Maschinenraum ist notwendig und Voraussetzung für diese Yachten.

Dahm International –
Jongert-Repräsentant

. . . Der Motorsegler muß so konzipiert sein,
daß er unter Motor wie unter Segel mühelos
auch im Dauerbetrieb und auf langen Distan-
zen Rumpfgeschwindigkeit erreicht. Unter
Segeln muß die Yacht die Eigenschaften
einer schnellen Fahrtenyacht verkörpern,
hoch an den Wind gehen und sich bei jedem
Wetter freikreuzen können.
Fazit: Ein Motorsegler verbindet alle Vorteile
eines komfortablen Fahrtenseglers mit den
Vorteilen eines „long-range-Verdrängers".

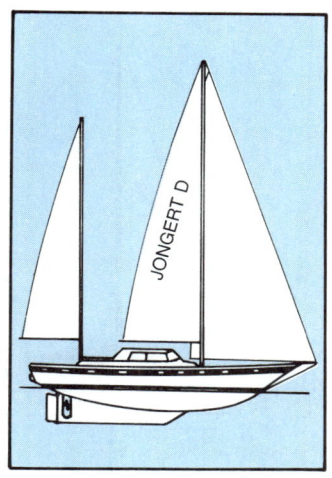

Hartmut Goetze –
Budzyn-Yachten/Yachting France-Jonet

Die Franzosen zeigen uns heute in exzel-
lenter Form, was ein moderner Motorsegler
ist. Ein Schiff mit gutem Preis, guten Segeleigenschaften und guten Fahrleistungen
unter Motor.

Haitzinger – Bootsbau und
Maxi-Importeur in Österreich

Ein Motorsegler ist unserer Meinung nach
eine Motoryacht mit Stützbesegelung.
Moderne Segelyachten sind bereits ausreichend motorisiert, so daß man einen Motorsegler eigentlich nicht mehr braucht. Außerdem sind diese Segelyachten schon sehr
komfortabel eingerichtet. Ein Motorsegler
hat zwangsläufig nicht die guten Eigenschaften eines Motorbootes noch die guten
Eigenschaften einer Segelyacht.

17

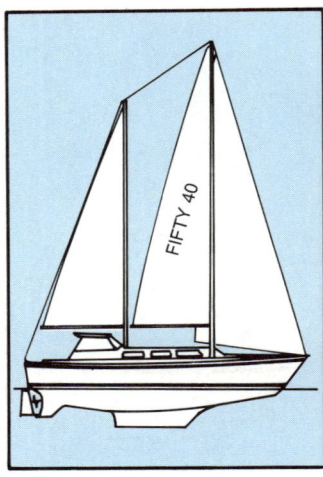

G. Freiberg – Kirié-Importeur/Feeling, Fifty

. . . Eine Motorsegelyacht ist sicherlich ein besseres Wort als die Bezeichnung Motorsegler, denn wer hat schon einen Motor, der segelt. Zur Segelyacht grenzt sich die Motorsegelyacht dahingehend ab, daß sie verhältnismäßig weniger Segel hat. Das bedeutet bei mehr Wind sicheres Segeln und leichtere Handhabung . . .

. . . Ich glaube, daß der Name FIFTY für einen Motorseglertyp genau das ausdrückt, was diese Yacht-Kategorie auszeichnet: gute Motorfahreigenschaften mit einem mindestens ausreichenden bis überdimensionierten Motor, der Sicherheit bei jeder Wetter- und Stromlage bietet und auch längere Motorfahrten nicht zur Anstrengung werden läßt. Andererseits hat diese Yacht ausreichend gute Segeleigenschaften, um auch bei abgeschalteter Maschine nur unter Segeln das Ziel zu erreichen und in den Genuß eines schönen Segeltages zu kommen . . .

Gründl – Beneteau-Importeur/Evasion

Die Ansprüche haben sich in den letzten 15 Jahren gewandelt. Während man früher den „Fifty/Fifty" als Motorsegler bezeichnete und damit einen schlecht segelnden Kutterrumpf mit zu kleinem Rigg, das kaum Weg nach Luv machte, meinte, versteht man heute unter einem Motorsegler eine gut segelnde Yacht, die mehr Komfort als die Segelyacht bietet, aber auch unter Motor sehr gute Eigenschaften besitzt und einen eingedeckten Steuerstand hat.

Hansa-Nautic –
P. Kollmorgen/Glenn, Roberts

. . . Hauptmerkmale eines Motorseglers dürften zweifelsfrei der eingedeckte Steuerstand und die reichlich ausgelegte Maschinenanlage sein. Darunter verstehen wir, daß eine Yacht auch unter ungünstigen Wind- und Seeverhältnissen wenigstens mit Maschine unter angenäherter Rumpfgeschwindigkeit gegenandampfen kann. Eine Yacht mit Stützbesegelung bleibt eine Motoryacht.

Lauwersmeer – Yachtwerft

Unserer Meinung nach ist ein Motorsegler eine Segelyacht mit viel Komfort, viel Motor und eingedecktem Steuerstand, gebaut für das „große Wasser".

Marsum Boating – Importeur der Finntern- und Dueholm-Motorsegler

Beim Fliegen kann der Motorsegler aus eigener Kraft starten und ohne Motor fliegen, ohne abzustürzen. Auf dem Wasser muß ein Motorsegler ohne Motorkraft, nur unter Segel, sein Ziel erreichen können. Er muß aber auch ohne Segel gegen den Wind nur unter Maschine fahren können. Beides kann ein Motorboot mit Stützbesegelung nicht. Deshalb bleibt eine Motoryacht eine Motoryacht. Die Hauptmerkmale des Motorseglers sind mehr Komfort, eingedeckter Steuerstand, einfache Bedienung, geringerer Tiefgang, gute Manövrierfähigkeit unter Motor und vieles mehr.

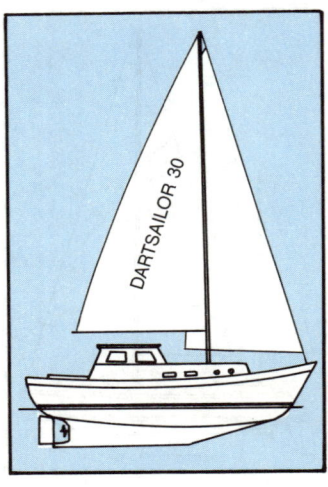

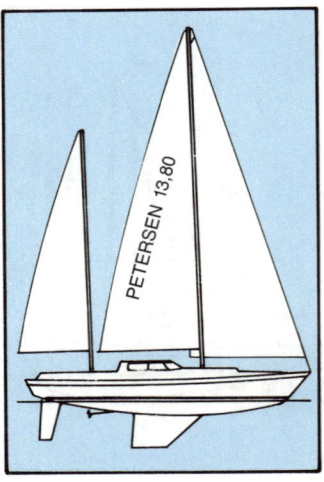

A. Miglitsch – Yachtkonstrukteur

. . . Der Motorsegler ist ein segelbares Fahrzeug mit einem Motorantrieb, der dem Antrieb der Segel vergleichbar ist. Die Maschine ist kein Hilfsmotor wie bei der reinen Segelyacht, sondern ein vollwertiger Hauptantrieb mit großem Aktionsradius und entsprechender Tankkapazität.

Neptunus – Yachtwerft/Dartsailor

Motorsegler sind gutmütige Yachten, auf denen man sich wohlfühlen muß. Ein Motorsegler muß unter Segeln alles können, ohne daß man die Maschine einsetzen muß. Er soll einen Motor haben, der das Boot bei höchstens 80% der Drehzahl auf Rumpfgeschwindigkeit bringt und diese als Dauerleistung halten kann. Die Fahrt unter Maschine muß angenehm sein durch gute Isolierung des Maschinenraums. Zwei Steuerstände, einer eingedeckt, einer im Freien, sollten Standard sein.

H. Petersen – Yachtkonstrukteur

Der Konstrukteur entscheidet, ob eine Yacht eine Segelyacht oder ein Motorsegler ist. Voraussetzungen – sehr gute Segeleigenschaften, das Boot muß sich ohne Motorhilfe bei jedem Wetter freikreuzen können. Einfache Bedienbarkeit, leichte Reffbarkeit, genügend Tiefgang, um kreuzen zu können, etwas mehr Formstabilität, um den Tiefgang verringern zu können, Kielschwertausführung, um besser zu kreuzen, ein vernünftiger Motor mit guter Schalldämmung, zweiter Steuerstand mit Eindeckung usw.

Phantom-Yachten — Serienwerft

Wir bauen unsere Yachten als reine Segelyachten. Wenn ein Kunde mehr Wert auf
„Motorsegler" legt, bauen wir stärkere
Motoren ein, rüsten die Schiffe mit einem
überdachten Steuerstand aus. Dazu
kommt noch eine einfach zu bedienende
Reffvorrichtung. Auf diese Weise entsteht
ein 100%iger Segler, der zugleich auch
fast den Komfort eines Motorseglers bietet.

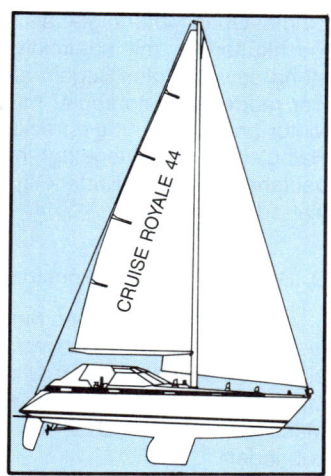

Reese Marin —
großer dänischer Yachthändler und
Erbauer des Cruise Royale 44

Ein Motorsegler ist eine schnelle Segelyacht mit viel Komfort, festem Steuerhaus
und starker Maschine. Beide Antriebe sind
gleichwertig. Auf diese Weise hat man die
Fahreigenschaften einer Segelyacht mit
den Annehmlichkeiten des Motorkreuzers
gepaart.

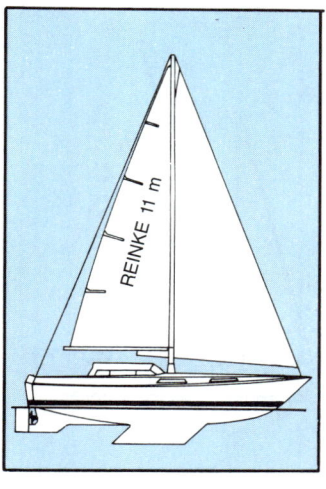

K. Reinke — Yachtkonstrukteur

. . . Ein Motorsegler hat ca. doppelt so viel
Leistung wie zur Erreichung der theoreti-
schen Rumpfgeschwindigkeit notwendig
ist. Das bedeutet Reserven für Sturm und
Seegang gegenan, Geräuschkomfort und
Lebensdauer.
Trotzdem gibt es zwei Welten von Motor-
seglern:

21

Einmal Opas Motorsegler als 50:50-Typ mit schlechter Kentersicherheit als Fischkutter-Typ mit uneffektivem Zweimast-Rigg und schlechter Fahrleistung sowohl unter Segeln als auch unter Motor.

Der moderne Motorsegler mit hoher Fahrleistung unter Segeln und unter Motor hat Linien mit gestreckter Verdrängungsverteilung oder ist sogar für Halbgleiter-Fahrt ausgelegt, hat ein hoch wirksames, aber sehr einfach zu bedienendes Semi-Kutter-Rigg und sinnvolle Flachkiel-Konzepte wie Twinkiel oder Hubkiel.

D. Scharping – Yachtkonstrukteur

. . . Die Fahrleistung eines Motorseglers muß unter Segeln wie unter Motor gleich gut sein. Das setzt voraus, daß man einen Rumpf mit guten Segeleigenschaften konstruiert und nicht den Rumpf eines Motorbootes zur Grundlage nimmt. Alle übrigen Forderungen wie viel Komfort, kräftige Maschine, eingedeckter Steuerstand usw. sind in jedem Typ unterzubringen.

Spitzner Yachtvertrieb – spezialisiert auf Motorsegler (LM, Classic, Doggersbank, Nauticat, North-Wind)

. . . Das Wichtigste beim Motorsegler neben Verstellpropeller, leicht bedienbarem Rigg und viel Komfort ist, gleich bei der Konzeption darauf zu achten, daß man etwa in Höhe der Wasserlinie steht, in Höhe des Hauptdecks sitzt und daß der Deckssalon soweit integriert ist, daß vom Cockpit aus die Sicht nicht zu sehr behindert wird. Für den Rumpf gilt: weiche Linien bei schlankem Unterwasserschiff, damit das Boot weich in der Welle läuft. Natürlich muß der Konstrukteur darauf achten, daß die großen Tanks und der große Motor möglichst tief im Schiff untergebracht sind.

Steinwascher —
Fjord- und Gallart-Importeur

... Wir verstehen unter einem Motorseg-
ler ein Schiff, das im Komfort dem Motor-
boot entspricht, aber gleichzeitig die
Annehmlichkeiten einer Yacht unter
Segeln besitzt. In jedem Fall muß das
Gleichgewicht der Antriebskräfte gegeben
sein, und wir meinen, daß der ideale
Motorsegler ein 70/70 wäre.

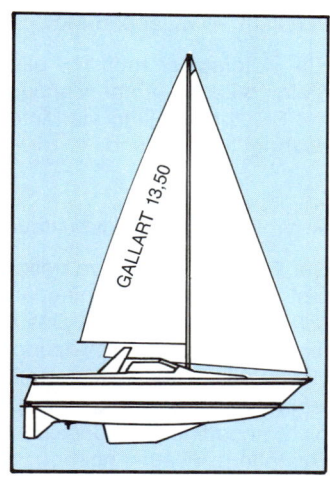

H. Stichnoth — Yachtkonstrukteur/Saga

Ich konstruiere seit Jahren nur noch
„Motorsegler", die nach Linien und Besegelung keine Kompromisse segeltechni-
scher Art eingehen. Ich meine, daß man
von einem modernen Motorsegler durchaus erstklassige Segeleigenschaften
erwarten kann. Starke Motorisierung um ca. 4 kW/t sollen ermöglichen,
daß unter allen Bedingungen, auch mit geborgenen Segeln, gegenange-
dampft werden kann. Das Raumangebot sollte, bezogen auf die Größe,
komfortabel sein. Ferner halte ich zumindest eine feste Windschutzscheibe, wenn nicht sogar einen geschlossenen oder halbgeschlossenen
Steuerstand für selbstverständlich. Ein moderner Motorsegler kann sowohl
ein Kurzkieler wie ein Langkieler sein. Ich gebe dem Kurzkieler den Vorzug.

Dr. Münzer — Geschäftsführer Volvo Penta Deutschland

... Gute Segeleigenschaften (muß mit jedem Fahrtensegler mithalten
können). Gute Dauerfahrt unter Motor, die nahe der Rumpfgeschwindigkeit
liegt. Vernünftige Cockpit/Steuerstand-Kombination etwa wie beim
Coronet/Elvström. Ausreichend getrennte Kabinen, um den Salon freizu-
halten. Und schließlich einen gesicherten Elektrohaushalt für ein Optimum
an technischem Komfort wie Kühlschrank, Heizung und Warmwasser,
Autopilot usw.

Venuleth — Vagabond-Motorsegler-Importeur

Ein Motorsegler muß vor allen Dingen segeln können, aber auch unter Motor gute Leistungen bringen. Keineswegs kann man eine Motoryacht mit Stützbesegelung als Motorsegler bezeichnen. Komfort steht natürlich auch im Vordergrund.

R. Vrolijk — Yachtkonstrukteur

Der Germanische Lloyd definiert den Motorsegler als eine Segelyacht mit fest installierter Maschinenanlage, bei der die relative Segelfläche zwischen 2,5 und 3,5 liegt. Das allein macht natürlich noch keinen Motorsegler. Wichtigste Voraussetzung ist, daß der Motorsegler auch bei rauhem Wetter sowohl unter Motor als auch unter Segel größere Strecken zurücklegen kann. Diese Eigenschaften sollten etwa gleich verteilt sein. Weitere, nicht unbedingt erforderliche Eigenschaften des Motorseglers — völligere Rumpfform (Raumangebot), flache Kielflosse, großer Motorraum, Steuerstand, Achterkajüte usw.

Xylon-Werk — Yachtwerft/Tümmler

Ein Motorsegler ist nach unseren Begriffen nur der Segler, der einen Verstell-Propeller hat, da er sonst gar nicht wirtschaftlich motoren kann. Unserer Erfahrung nach zeigt sich immer wieder, daß der etwas niedriger getakelte Motorsegler dem reinen Segler in Zielfahrten über längere Strecken überlegen ist.

Daneben gibt es natürlich noch eine Reihe von Punkten, die für den Motorsegler sprechen; das ist mehr Wohnkomfort usw. Eine Motoryacht mit Stützbesegelung kann man unseres Erachtens nicht als Motorsegler bezeichnen, da sie einen festen Propeller hat.

Motorsegler –
ein Kompromiß oder das Beste
aus zwei Welten?

Zwischen der reinrassigen Segelyacht und dem schnellen Motorkreuzer liegt eine breite Palette von Bootstypen, die man nicht immer ganz treffend als Motorsegler bezeichnet. Dieses Spektrum von Yachten reicht einerseits von der Kutter- oder Trawleryacht mit starkem Motor und Stützsegel bis zur „Segelyacht" mit großem effektivem Rigg, eingedecktem Steuerstand, starker Maschine und relativ viel Komfort.

Die letztgenannte Gruppe repräsentiert den eigentlichen Yacht-Typ, den man als modernen Motorsegler bezeichnen muß. Eine Bootsgattung, die von ihren Eignern vielseitiger genutzt wird als die „reinrassige Yacht", gleichgültig ob Motor- oder Segelyacht.

Der Grund ist in der Tatsache zu finden, daß der Motorsegler die optimale Mischung von Seeverhalten, Antriebswahl sowie Komfort, Wohnlichkeit und Sicherheit darstellt.

Jede Bootsart ist eine Mischung aus einer Reihe von Zielvorstellungen, ein Kompromiß, der schließlich den Wünschen des Eigners in optimaler Form entsprechen sollte. Leider ist das nicht immer möglich, da die einzelnen „Charaktereigenschaften" eines Bootes einander häufig entgegenstehen. So ist auch der Motorsegler ein Kompromiß, doch darf hier der Begriff Kompromiß keineswegs als Ausgleich in Richtung Durchschnitt verstanden werden. Man könnte eher sagen, der Motorsegler hat das Beste aus beiden Welten, der des Segelns und des Motorens. Möglich wird dieses „Kunststück" durch die rasante Entwicklung im Yachtbau und die angrenzenden Technologien.

Greift man nur 15 bis 20 Jahre zurück und vergleicht einige Größen aus den 60er Jahren mit den heutigen Booten, so wird der Fortschritt klar.

Motor: Vor nur 15 Jahren mußte man noch Motoren mit einem Leistungsgewicht um 10 kg/kW einbauen. Ein 70 kW-Diesel wog 700 kg und füllte einen Raum von 1 m³. Heute wiegt ein 70 kW-Motor 350 kg und füllt nur noch einen 1/2 m³.

Segelfläche: Infolge durchschnittlich 10% breiterer Rümpfe und tiefer liegender Schwerpunkte konnte die Segelfläche um 15 bis 40% vergrößert werden, ohne die Sicherheit des Bootes in Frage zu stellen.

Rumpfwiderstand: Durch widerstandsärmere Rümpfe und bessere Propeller konnte man die Motorisierung bei gleichbleibender Geschwindigkeit sogar um 10 bis 15% reduzieren.

Das und viele positive Entwicklungen im Detail führten schließlich dazu, daß man heute den Motorsegler wie folgt definieren kann:

- großzügiges Raumkonzept
- effektives Rigg als voller Antrieb
- mäßiger Tiefgang oder Kielschwertausführung
- ruhig laufender, starker Motor
- Propeller mit hohem Wirkungsgrad, wenn möglich Verstellpropeller
- große Kraftstofftanks für lange Reisen
- solider E-Haushalt für viel technischen Komfort
- wettergeschützter Fahrstand (u. U. als zweiter Fahrstand)

Diese Punkte sind auf den folgenden Seiten etwas ausführlicher besprochen und in Relation zur Motor- bzw. Segelyacht gesetzt.

Daß sich diese Merkmale nicht nur auf eine bestimmte Bootsgröße beziehen, zeigen die Vergleiche auf den folgenden Seiten.

Auf den folgenden drei Seiten sind die Hauptmerkmale des Motorseglers zwischen die der Motoryacht und der Segelyacht gestellt. Man kann hier ganz schnell die wesentlichen Unterschiede der einzelnen Baugruppen erfassen. ▶

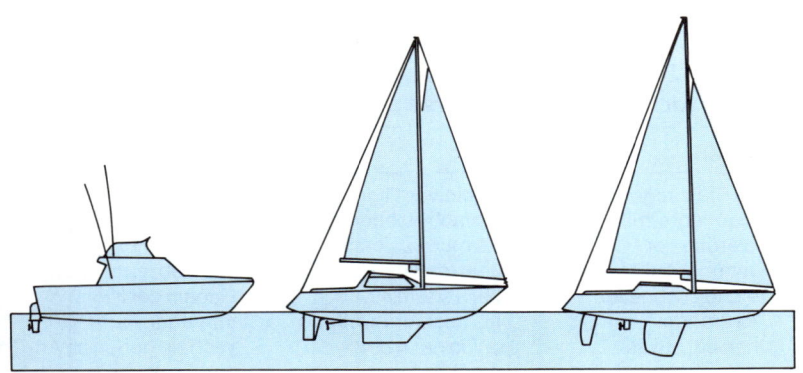

Charakteristika des Motorseglers zwischen Motor- und Segelyacht

Motoryacht	Motorsegler	Segelyacht
1. Raumkonzept		
Viel umbauter Raum, da das Gewicht und der Luftwiderstand durch die Motorleistung aufgefangen werden. Hohes Freibord, große Breite und hohe Aufbauten ermöglichen dem Konstrukteur die Unterbringung von viel Raumkomfort bei heller, angenehmer Atmosphäre.	Weniger umbauter Raum als bei Motoryachten, aber mehr als bei Segelyachten, das führt mindestens zu mehr Komfort als bei der Segelyacht. Der Konstrukteur hat die Möglichkeit nicht nur die Wohnlichkeit und Atmosphäre positiv zu beeinflussen, er hat auch Platz genug für all die Technik, die das Leben auf dem Wasser angenehm macht (wenn sie funktioniert).	Wenig umbauter Raum, der Gewicht und die Fahrleistung bei gleichbleibender Segelfläche (die ohnehin groß gewählt ist) mindert. Das führt dazu, daß der Konstrukteur sparsam mit dem Raum umgehen muß und mit viel Geschick versuchen muß, den Wohnkomfort unterzubringen. Bei kleinen bis mittleren Segelyachten reicht dann der Raum auch nicht mehr, um den vollen technischen Komfort unterzubringen.

27

Motoryacht	Motorsegler	Segelyacht
2. Segel		
Als Stützsegel sehr angenehm zur Stabilisierung der Rollbewegung. Auf zahlreichen schnellen Verdrängern fährt man ein etwas größeres Segel, das als Treibsegel bezeichnet werden kann. Es ermöglicht langsame Fahrt auf Kursen vor dem Wind. Als Motorsegler kann man diesen Typ aber noch nicht bezeichnen.	Effektives Rigg, aber einfach zu bedienen. Es muß so konzipiert sein, daß man sowohl bei hartem als auch bei leichtem Wetter „Weg nach Luv" machen kann. Das ist heute überwiegend ein Rigg mit Roll-Reffanlagen für Vor- und Großsegel. Auf größeren Motorseglern sogar elektrohydraulisch gesteuert.	Je nach Anspruch, extrem große Segelfläche auf Regattayachten, nach allen Regeln der Kunst trimmbar. Fahrtenyachten gehen im Anspruch etwas herunter, da Geschwindigkeit nicht das Hauptziel darstellt.
3. Tiefgang		
Wenig Tiefgang und flache Kielflosse, da kein aufrichtendes Moment gegen die Querkraft der Segelfläche wirken muß.	„Mäßig getakelt" und dadurch weniger Querkraft, so daß der Konstrukteur einen geringeren Tiefgang bei gleichem Ballast vorsehen kann.	Großer Tiefgang mit Außenballast, um bei vernünftiger Krängung möglichst viel Segel fahren zu können.

Motoryacht	Motorsegler	Segelyacht

4. Motor

Die Leistung der Motoren wird dem Rumpftyp und den individuellen Bedürfnissen des Eigners angepaßt. Der Motorraum ist relativ groß, die Maschinen sind gut zugänglich. Dem Fahrkomfort dient eine gute Isolierung des Motorraums, um den Schallpegel zu drücken.	Die Motorleistung wird so kräftig gewählt, daß jederzeit und im Dauerbetrieb Rumpfgeschwindigkeit erreicht wird. Der Motorraum ist so konzipiert, daß die Maschine gut zugänglich ist. Wenn man von einem wirklichen Motorsegler sprechen will, muß sehr viel getan werden, um die Motorgeräusche möglichst gering zu halten.	Die Motorleistung wird auf das notwendige Minimum beschränkt. Der Motorraum ist häufig unverantwortlich klein, so daß man bei einfachsten Wartungsarbeiten auf große Probleme stößt. Die Motorraum-Isolierung ist meist mäßig bis schlecht, da man den Motor nur als Hilfsantrieb betrachtet.

5. Tank

Das Tankvolumen auf Motoryachten wird der Motorleistung, dem Rumpftyp und dem Revier angepaßt. Reichweiten von 300 bis 500 sm sollten möglich sein.	Das Tankvolumen ist den individuellen Verhältnissen angepaßt, sollte aber dem Boot eine Reichweite unter Motor für mittlere Seeräume (200 bis 300 sm) oder eine Fahrtzeit von 48 Stunden ermöglichen.	Das Tankvolumen wird auf ein Minimum beschränkt (meist revierabhängig). 16 bis 24 Motorstunden gelten als Faustregel.

Motoryacht	Motorsegler	Segelyacht
6. Propeller		
Der Propeller ist feststehend und für hohe Leistung ausgelegt, so daß er etwa bei Nenndrehzahl (DIN 6270 B) Vollast aufnimmt. Das bedeutet aber gleichzeitig, daß er in allen Teillastbereichen nur wenig Leistung in Schub verwandelt und spezifisch gesehen viel Kraftstoff verbraucht.	Der Motorsegler sollte einen Verstellpropeller haben, um unter Teillast wirtschaftlich arbeiten zu können. Wer wirklich motorsegeln will, d. h. mit Segel und Motor fahren, sollte diesen Punkt beachten.	Segelyachten fahren Klapp- oder Faltpropeller, deren Wirkungsgrade unter 50 % liegen, die aber beim Segeln zusammengeklappt den geringsten Widerstand verursachen.
7. Elektrohaushalt		
Der Eigner der Motoryacht hat dank seiner starken Motoren und der entsprechend großen Generatoren die technischen Voraussetzungen für viel	Der Motorsegler hat wiederum von beidem genug: Motor mit Generator und relativ viel Platz für die Unterbringung der elektrischen Ge-	Auf Segelyachten geht man traditionsgemäß und aus Gewichts- und Platzgründen sehr sparsam mit dem Elektrohaushalt um, obwohl

Motoryacht	Motorsegler	Segelyacht
Komfort, da während der Fahrt sehr viel Strom produziert wird. Kühlschrank, Heizung, Autopilot und vieles mehr werfen keine Energiefragen auf. Mit zunehmender Länge ist das fest eingebaute Stromaggregat der Garant für einen gesunden Elektrohaushalt.	räte. Selbstverständlich muß auch hier auf längeren Segeltörns und während längerer Hafen-Liegezeiten die Möglichkeit zur Stromversorgung geschaffen sein. Dies erreicht man durch Landanschluß, Stromaggregat, Solarzellen, Windgenerator, Wellengenerator.	bei entsprechender Auslegung der Anlage mit dem Komfort nicht gegeizt werden muß. Das setzt aber eine sorgfältige Planung der Stromversorger voraus.

8. Fahrstand

Der Fahrstand ist entweder fest oder mit Persenning eingedeckt. Auf größeren Motorkreuzern ist der erste Fahrstand im Deckshaus, der zweite Fahrstand auf der Flybridge oder dem Oberdeck und dann auch mit einer leicht aufklappbaren Persenning abdeckbar.	Zwei Fahrstände gelten auf Motorseglern als Standard, der eine im wesentlichen zum Segeln, der andere zum Motoren, wobei auch der zweite Fahrstand für schlechtes Wetter zumindest durch eine Persenning geschützt wird. Motorsegler bis 10 m haben häufig einen eingedeckten Steuerstand mit Rad und im Achtercockpit zum Segeln die Pinne.	Auf Segelyachten ist ein Fahrstand üblich, der frei im Cockpit liegt, der Schutz gegen Spritzwasser und Regen erfolgt im allgemeinen nur durch ein Sprayhood. Daneben gibt es natürlich je nach Deckskonzept, z. B. bei Mittelcockpits, Konstruktionen, die den Steuermann vor Regen und Sonne schützen.

Abgrenzung zur Motor- und Segelyacht

Sie finden hier 6 × 3 Yachten in gleichen Längengruppen übereinander kopiert. Der Motorsegler ist jeweils blau, das Motorboot grau und die Segelyacht weiß dargestellt. Bei diesem Vergleich fällt besonders auf, daß Motoryachten in allen Längengruppen sehr viel umbauten Raum haben, Segelboote sehr wenig und die Motorsegler ungefähr dazwischen liegen. Je moderner der Motorsegler aber wird, um so mehr nähert er sich dem Segelboot.

Die Daten der jeweils zusammengehörenden Boote sind unter den Zeichnungen zum Vergleich tabellarisch aufgelistet.

Was man nicht so ohne weiteres vermuten würde, ist, daß die derzeitigen Motorsegler bis etwa 11 m Länge fast doppelt so schwer sind wie die Segelboote und schwerer als die Motorboote. Diese Gesetzmäßigkeit ist zwar prinzipiell richtig, wird aber durch die Auswahl der Schiffe auf der nächsten Seite bereits durchbrochen, da extrem leichte und moderne Motorsegler neben sehr solide Hochseeyachten gestellt wurden.

Bei den hier dargestellten Yachten zeigt der Vergleich der Seitenansicht dieselbe Linie wie bei Yachten unter 11 m. Die Motoryacht ist räumlich am größten, die Segelyacht am kleinsten. Der Motorsegler liegt dazwischen. Das zeigt, wie sehr die Konstrukteure bei Segelyachten Rücksicht auf den Luftwiderstand nehmen. Sieht man von dem zusätzlichen Gewicht ab, das umbauter Raum meist mit sich bringt, so bedeutet mehr umbauter Raum auch mehr Luftwiderstand. Unter Segeln bei Kursen am Wind ist das ein Faktor, der sich sehr negativ auswirkt. Je mehr Widerstand das Boot überwinden muß, um so mehr Segelfläche braucht es. Größere Segelfläche erfordert mehr aufrichtendes Moment, und das führt zu mehr Ballast, das Boot wird schwerer, der Widerstand (unter Wasser) steigt. Eine Kettenreaktion, die schließlich durch einen Kompromiß gelöst werden muß, aber nicht nur beim Motorsegler, sondern auch bei der Segelyacht.

Auf den folgenden drei Seiten sind die Hauptmerkmale des Motorseglers zwi-▶ schen die der Motoryacht und der Segelyacht gestellt. Man kann hier ganz schnell die wesentlichen Unterschiede der einzelnen Baugruppen erfassen. Die Abkürzungen bedeuten: MS = Motorsegler, MB = Motorboot, MK = Motorkreuzer, MY = Motoryacht, SB = Segelboot, SK = Segelkreuzer, SY = Segelyacht, FY = Fahrtenyacht, CR = Cruiser-Racer, RY = Rennyacht, AC = Admirals-Cupper.

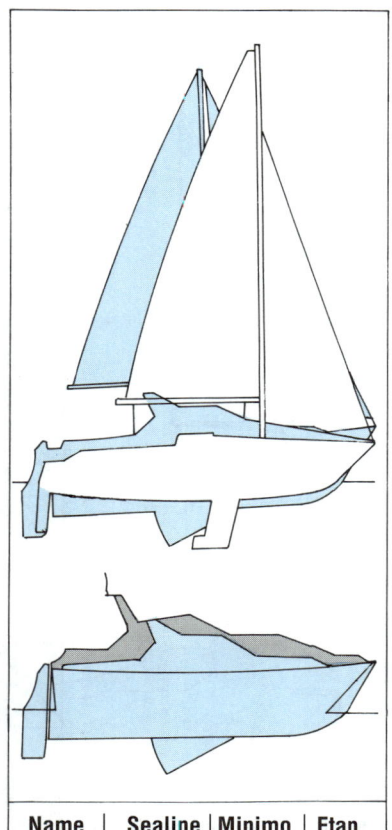

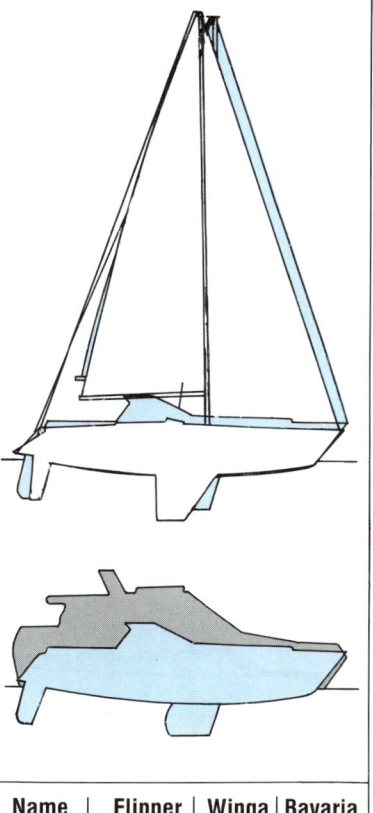

Name	Sealine	Minimo	Etap
Typ	**MB**	**MS**	**SB**
L (m)	5,85	6,10	6,05
B (m)	2,25	2,48	2,30
T (m)	0,50	0,55	0,48
D (m^3)	0,95	1,5	0,68
S (m^2)	–	16,5	17,1
M (kW)	125	7,4	4

Name	Flipper	Winga	Bavaria
Typ	**MK**	**MS**	**SK**
L (m)	7,60	7,85	7,60
B (m)	2,90	2,92	2,50
T (m)	0,80	1,25	1,30
D (m^3)	2,3	3,20	1,65
S (m^2)	–	27,00	32,00
M (kW)	125	17	6,6

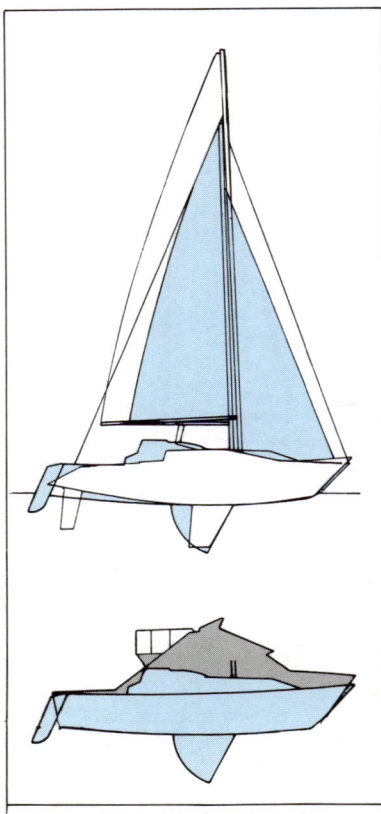

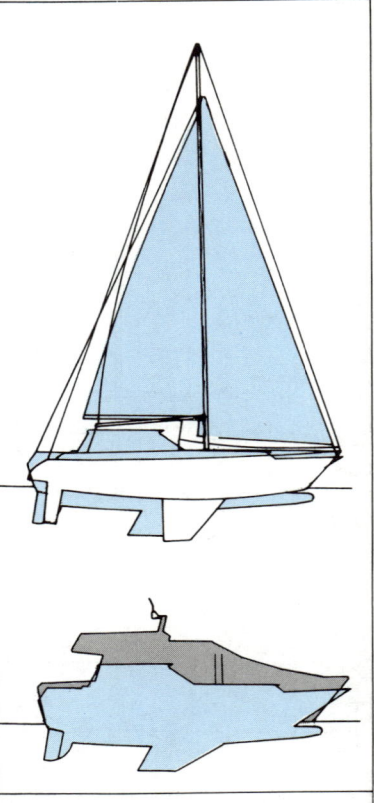

Name Typ	Bertram MY	MRCB MS	db 2 SY
L (m)	10,05	11,00	10,35
B (m)	3,81	3,66	3,40
T (m)	0,94	0,50/2,16	1,90
D (m³)	4,30	5,00	3,15
S (m²)	–	44,00	67,00
M (kW)	2 × 200	121	20

Name Typ	Azimut MY	Elvström MS	Swan SY
L (m)	11,60	11,42	11,99
B (m)	4,20	3,50	3,80
T (m)	–	1,65	2,20
D (m³)	11,15	7,00	8,20
S (m²)	–	47,00	70,00
M (kW)	350	27	27

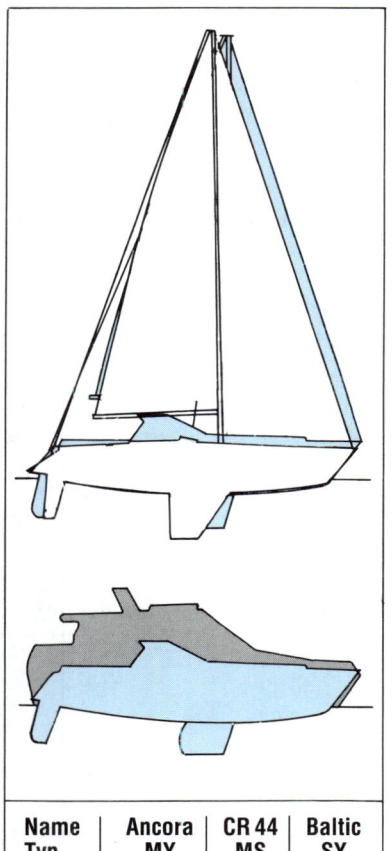

Name	Ancora	CR 44	Baltic
Typ	MY	MS	SY
L (m)	15,80	13,52	14,64
B (m)	4,60	3,96	4,36
T (m)	1,30	1,95	2,65
D (m³)	13,50	11,50	12,10
S (m²)	—	90,00	108,00
M (kW)	2 × 221	145	46

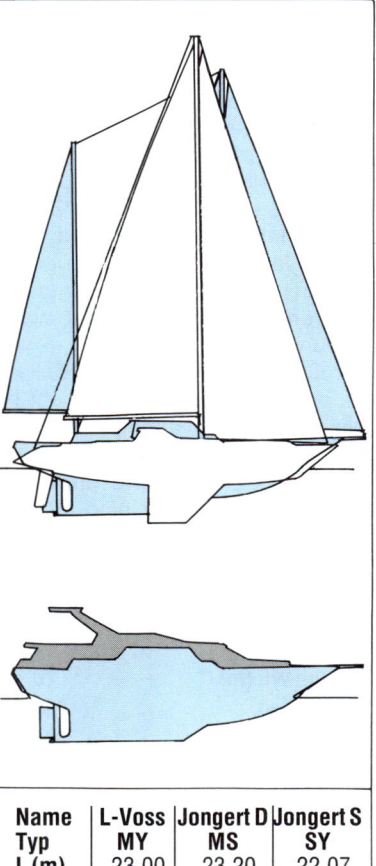

Name	L-Voss	Jongert D	Jongert S
Typ	MY	MS	SY
L (m)	23,00	23,20	22,07
B (m)	5,70	5,80	5,75
T (m)	1,75	2,80	2,70 (3,60)
D (m³)	62,00	72,00	35,00
S (m²)	—	290,00	257,00
M (kW)	960	174	162

Klare Linien: Rennyacht – Cruiser-Racer – Motorsegler

Der Vergleich des Admiral's Cuppers mit einem schnellen Cruiser-Racer und einem modernen Motorsegler zeigt sehr deutlich die Staffelung und die Zusammenhänge der einzelnen Größen. Die drei Yachten sind etwa gleich lang. Sie haben fast gleiche Segelflächen, der Motorsegler ist aber fast doppelt so schwer wie der Admiral's Cupper.

Man muß sich schon einige Zusammenhänge klarmachen, um zu sehen, warum das so ist. Vergleichen wir zuerst den Ballast. Der Admiral's Cupper hat zahlenmäßig mit 3 t den geringsten Ballast von den drei Yachten. Er hat aber prozentual gesehen den größten Ballastanteil (50%), d. h. sein Schwerpunkt liegt extrem tief, was automatisch zu einem größeren aufrichtenden Moment führt.

Der Cruiser-Racer hat 44% Ballastanteil, der Rumpf (4,7 t) wiegt 1 t mehr als der Kiel, das Rumpfgewicht beträgt 1,7 t mehr als das der AC-Yacht. Der Motorsegler-Rumpf ist sogar mehr als doppelt so schwer als der des Admiral's Cuppers und nochmal 1,7 t schwerer als der des Cruiser-Racers. Hier macht sich das Wesentliche dieser Bootskategorien bemerkbar. Der Admiral's Cupper hat eine total spartanische Einrichtung, der Rumpf ist

Bootstyp Bootsart	AC-Yacht Rennyacht	Baltic 42 Cruiser-Racer	Espace 1300 Motorsegler
Länge (m)	13,00	12,48	13,00
Länge WL (m)	11,20	10,49	11,40
Breite (m)	4,10	4,07	4,40
Tiefg. (m)	2,35	2,40	1,60/2,70
Verdr. (m³)	6,00	8,40	11,00
Segel (m²)	110	107	103* (60)
Motor (kW)	20	33	37
rel. Segelfläche	5,76	5,07	4,57
Besegelung m²/t	18,33	12,74	9,36
Ballast (t)	3,00	3,70	4,60
Rumpfgew. (t)	3,00	4,70	6,40
Ballastanteil	50%	44%	42%

* mit der standardmäßigen großen Genua

spezifisch leicht und aus bestem Material gebaut und sicher an die Grenze der Belastbarkeit gerechnet.

Der Cruiser-Racer hat viel Komfort und ist solide, aber auch nach modernsten Gesichtspunkten gebaut und hat Wohnkomfort. Das macht unter dem Strich diesen Gewichtsunterschied aus.

Nochmal so einen Sprung gibt es zum Motorsegler. Das Deckshaus, der zweite Steuerstand, mehr Breite und mehr Kojen als beim Cruiser-Racer bringen hier das Gewicht. Es leuchtet ein, daß ein Unterschied im Fahrverhalten die Folge dieser Daten sein muß. Am besten sieht man das an der Besegelung, die bei der AC-Yacht 18,33 m^2/t und beim Motorsegler 9,36 m^2/t ausmacht.

Vergleich der Seitenansichten des Admiral's Cuppers, Cruiser-Racers und Motorseglers. Die Daten stehen in der Tabelle links.
Linke Skizze: Admiral's Cupper ist blau, darüber kopiert der Cruiser-Racer.
Rechte Skizze: Über den Motorsegler in blau ist der Cruiser-Racer kopiert.

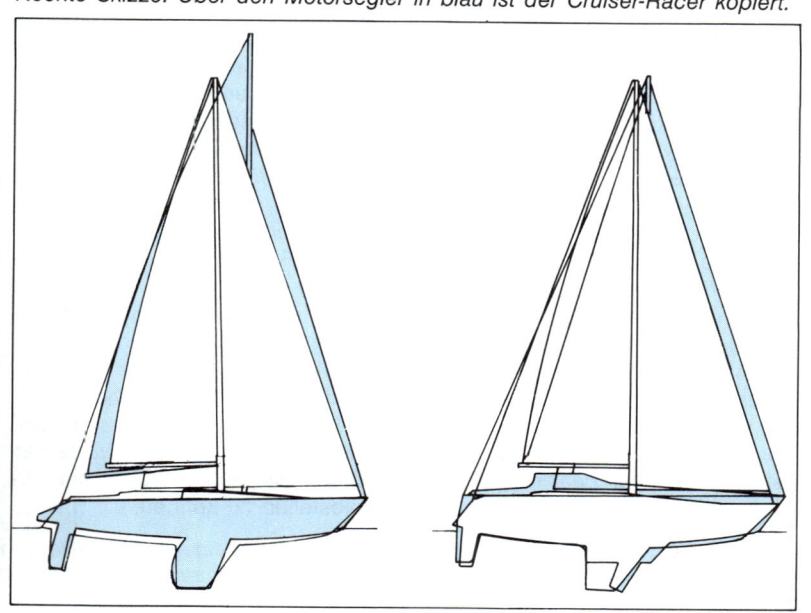

Vergleich: Motorsegler und Fahrtenyachten

Dies ist der Bereich, in dem die Unterscheidungsmerkmale der Motorsegler und Segelyachten auf ein Minimum schrumpfen. Hanseat und Contest werden alternativ mit und ohne Steuerhaus angeboten, und die Trintella-Werft ist empört, wenn man ihre wirklich exzellenten Yachten Motorsegler nennt, obwohl sie alle Merkmale des modernen Motorseglers haben. Die standardmäßig niedrige Motorisierung läßt sich durch Einbau einer stärkeren Maschine leicht den Motorsegler-Verhältnissen anpassen.

Wenn man die als Klassiker geltenden Fahrtenyachten Hallberg Rassy und Najad mit einem festen Deckshaus und eventuell mit einem zweiten Steuerstand ausrüsten würde, wären sie als „Motorsegler" ebenso Spitzenyachten. Es gibt gar keine Zweifel, daß es in allen Bereichen des Yachtbaus Überschneidungen gibt. Das liegt an dem breiten Wunschspektrum der Eigner und am Medium Wasser, in dem die Boote fahren und von Wind oder Motor mehr oder weniger gut angetrieben werden.

Wenn man die Zahlen in der Tabelle vergleicht, so sind die Unterschiede sehr geschrumpft. Manche segelnde Fahrtenyacht ist sogar mehr aufgepustet als ein moderner Motorsegler. Vor allen Dingen wenn man berücksichtigt, daß diese Yachten alle mit einem Motor ausgerüstet werden können, der 5 kW/t Leistung bringt. Das wäre für alle diese Boote keine Motorisierung, die man als übertrieben betrachten würde, die Dehler 38 vielleicht ausgenommen.

Auch die Unterschiede in der Besegelung sind gering, sieht man auch hier davon ab, daß die Dehler 38 keine klassische Fahrtenyacht, sondern ein Cruiser-Racer ist.

Auf den nächsten beiden Seiten sind jeweils die hier in der Tabelle nebeneinander stehenden Yachten zum Vergleich übereinander kopiert. Sie sehen auch, daß Freibord und die Höhe der Aufbauten sich sehr genähert haben, so daß eigentlich klar wird, wie sich der Motorsegler entwickelt hat, und daß sich diese Entwicklung vorteilhaft auf die Segeleigenschaften des Motorseglers auswirkte. Das ist nur zu verständlich, da die überwiegende Zahl aller Skipper zwar gerne Flauten mit dem Motor überbrückt, bei vernünftigem Wind aber froh ist, den Motor abstellen zu können.

Zahlenvergleich von Motorseglern, Fahrtenyachten und einem Cruiser-Racer. ▶
Den Vergleich der Rümpfe und Segelflächen finden Sie auf den folgenden Seiten.

Bootsart	MS	FY	MS	FY	MS	C/R	MS	FY
Bootstype	Espace 1300	Trintella 40A	Classic 41	Hallberg Rassy 38	Hanseat 35	Dehler 38	Contest 34 S	Najad 360
Länge (m)	13,00	12,30	12,50	11,57	10,80	11,80	10,20	10,75
LWL (m)	12,10	10,00	10,20	9,50	9,10	9,60	8,25	9,25
Breite (m)	4,40	4,00	4,00	3,48	3,50	3,80	3,35	3,40
Tiefg. (m)	1,40/2,40	1,55/2,55	1,60	1,75	1,80	1,95	1,35	1,75
Segel (m²)	60	70	109	61	53	61	59	56
Motor (kW)	37	27	74	45	33	20	21	32
Motorisierung (kW/t)	3,70	2,57	4,93	5,30	5,20	3,60	2,60	4,60
Verhältnis L : B	3,00	3,10	3,10	3,30	3,10	3,10	3,00	3,20
Besegelung (m²/t)	5,45	6,67	7,27	7,18	8,40	11,10	7,60	8,00
Verdrängung (t)	11,00	10,50	15,00	8,50	6,30	5,50	7,80	7,00
Ballast (t)	4,60	4,00	5,25	3,70	2,80	2,80	3,20	3,00
Ballastanteil	42 %	38 %	35 %	44 %	44 %	51 %	41 %	43 %
Rumpfgewicht (t)	6,40	5,00	9,75	4,80	3,50	2,70	4,60	4,00

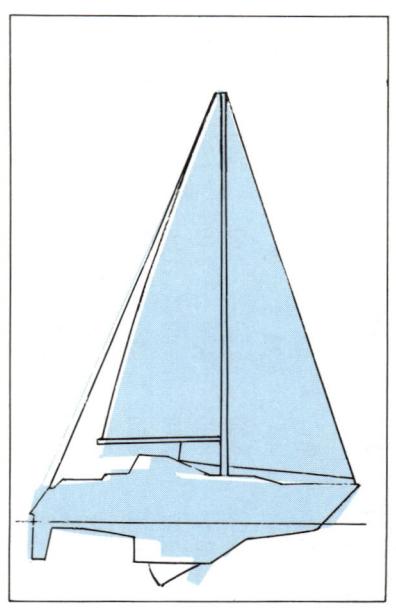 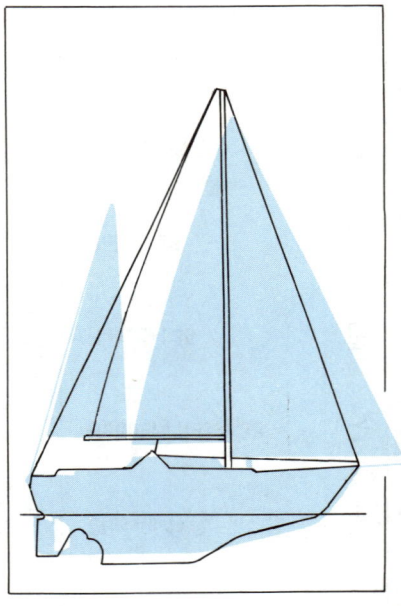

Espace (blau) ist ein moderner Motorsegler in Kiel- oder Kielschwert-Ausführung. Trintella (schwarz) ist nach Aussage der Werft eine Fahrtenyacht. Es besteht aber kein Zweifel, daß man es hier zwar mit einer exzellenten Yacht zu tun hat, daß aber alle Merkmale für die Bezeichnung Motorsegler sprechen bis auf den standardmäßig recht schwach bemessenen Motor mit 2,9 kW/t. In der übereinander kopierten Zeichnung sieht man sogar, daß Trintella voluminöser als die Espace ist.

Hier ist der Motorsegler Classic mit Langkiel (blau) mit der sehr beliebten Fahrtenyacht Hallberg Rassy 38 zusammenkopiert. Der Motorsegler hat aufgrund der Takelung als Kutter-Ketsch mit Bugspriet wesentlich mehr Segelfläche als die Segelyacht. Dennoch dürfte das Rigg der Hallberg effektiver sein. Obwohl die Hallberg gegenüber der Classic als insgesamt weniger voluminös erscheint, könnte sie mit eingedecktem Steuerstand durchaus als Motorsegler gelten.

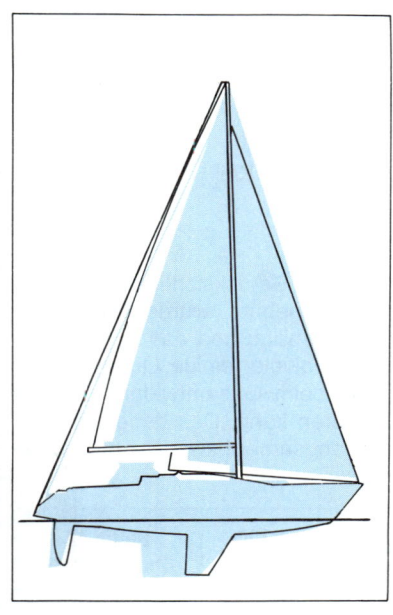
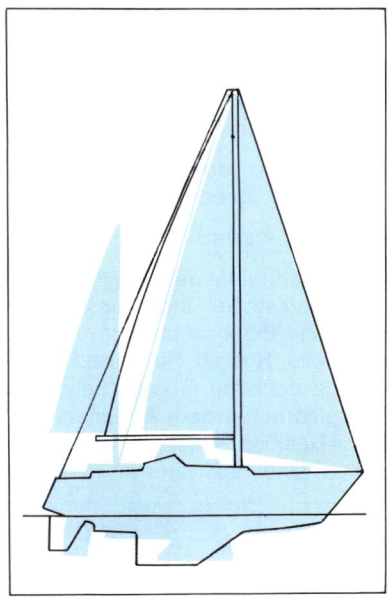

Sehr interessant ist auch der Vergleich der bekanntermaßen schnellen Dehler 38 mit dem Hanseaten, der wahlweise mit oder ohne festes Steuerhaus als Motorsegler bzw. als Segelyacht verkauft wird. Beide Yachten unterscheiden sich in Maßen Rigg und Rumpf fast nicht. Nur das Steuerhaus und der Kiel des Hanseaten überragen die Dehler. Die Segeleigenschaften des Hanseaten sind durch das Gewicht und den Kiel beeinträchtigt, dennoch würde man ihn ohne Steuerhaus nicht als Motorsegler bezeichnen.

Die Contest (blau) wird hier als Motorsegler mit Ketschtakelung und Flügelkiel gezeigt. Sie wird aber auch als Fahrtenyacht (ohne Deckshaus) und mit Sluptakelung sowie Flossenkiel angeboten. Sie unterscheidet sich von der als solide geltenden und mit Erfolg gebauten Fahrtenyacht Najad durch höheren Freibord und höhere Aufbauten, hat aber eine kleinere Lateralfläche und geringere Standardmotorisierung. Wie die Hallberg könnte auch die Najad, hätte sie ein Deckshaus, als Motorsegler gelten.

41

Kurz- und Langkieler

Unabhängig von den gestylten Äußerlichkeiten einer Bootsart gibt es bei den Segelyachten und bei Motorseglern zwei Weltanschauungen bezogen auf die Kielform. Das ist einerseits der

● lange von vorne bis zum Ruder durchlaufende Kiel
und zum anderen der

● kurze Flossenkiel.

Zweifelsohne hat der Langkieler, sofern er unter Berücksichtigung modernster Werkstoffe und Konstruktionskriterien gebaut wurde, sehr harmonische Eigenschaften in bezug auf Kursstabilität und das Verhalten in der Welle. Klar ist die Tatsache, daß der Langkieler einige Quadratmeter nutzlos benetzte Oberfläche hat, die man beim Gesamtwiderstand des Rumpfes mit keinem Argument wegdiskutieren kann. Das bedeutet:
Mehr Reibung – bei gleicher Segelfläche langsamer bzw. schwerer, weniger sensibel, schwerer zu manövrieren usw.

Bootstyp Bootsart	Classic 41 Langkieler	Espace 1300 Kurzkieler	Baltic 42 Cruiser-Racer
Länge (m)	12,50	13,00	12,48
Länge WL (m)	10,10	11,70	10,49
Breite (m)	4,00	4,40	4,07
Tiefg. (m)	1,60	1,55/2,70	2,40
Verdr. (m³)	15,00	11,00	8,40
Segel (m²)	109	103 (60)	107
Motor (kW)	74	37	33
rel. Segelfläche	4,23	4,57	5,07
Besegelung m²/t	7,27	9,36	12,74
Ballast (t)	5,25	4,60	3,70
Rumpfgew. (t)	9,75	6,40	4,70
Ballastanteil	35%	42%	44%

Selbstverständlich sind die zuvor erwähnten harmonischen Eigenschaften des Langkielers nicht sein einziger Vorteil. Man kann auch weniger Tiefgang bekommen, unkomplizierteres Trockenfallen, hat einen Brunnen für einen großen Propeller usw. usw.

Doch wiegt das die Vorteile des Kurzkielers meines Erachtens nicht auf. Voraussetzung: richtige Konstruktion, so daß der Kurzkieler nicht in der Welle aus dem Ruder läuft.

Wenn Sie die Bilder und die Maße vergleichen, werden Sie weitere interessante Punkte finden.

In der linken Skizze ist der Cruiser-Racer über den Motorsegler kopiert. In der rechten Skizze der Kurzkiel-Motorsegler über den Langkieler. Wenn Sie die Zahlen (links) zu Hilfe nehmen, werden Sie feststellen, daß eine frappierend ähnliche Abstufung vorhanden ist wie in dem vorangegangenen Vergleich von Admiral's Cupper, Cruiser-Racer und Kurzkiel-Motorsegler. Nur daß sich alles um eine Kategorie verschoben hat.

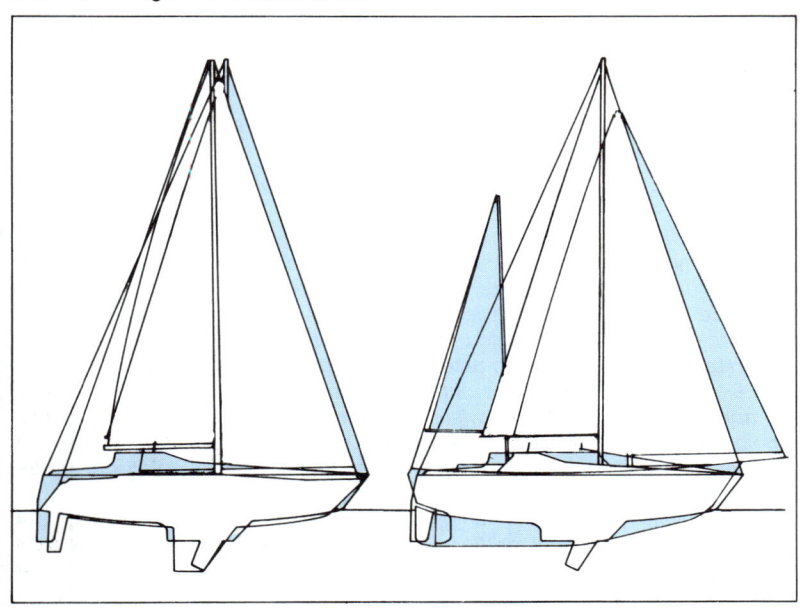

Merkmale des Motorseglers

Nach den Vergleichen auf den vorangegangenen 10 Seiten wird klar, daß der Motorsegler sich sehr positiv entwickelt hat. Der Typ Kutteryacht, als konservative Fortführung des „besegelten Dampfers", hat mit gutem Grund immer noch viele Liebhaber, kann aber beim heutigen Stand des Yachtbaus nicht mehr als Motorsegler eingestuft werden. Die Entwicklung hat einen ganz anderen Yachttyp Motorsegler hervorgebracht. Ein Yachttyp, der durch seinen (zweiten) überdachten Steuerstand und das leicht bedienbare Rigg einen wesentlich breiteren Einsatzbereich als die reine Segelyacht hat und mit seinem Komfort und seiner Sicherheit auch die Familie und das fortgeschrittene Alter anspricht.

So gesehen, sollte der moderne Motorsegler möglichst viele der folgenden Merkmale aufweisen:

● Fahreigenschaften unter Motor entsprechend denen eines guten Motorverdrängers

● Fahreigenschaften unter Segel entsprechend denen einer soliden Fahrtenyacht

Hauptmerkmale des Motorseglers: ▶

Die Yacht mit den zwei Antrieben zeigt Positives aus beiden Welten, der des Motorens und der des Segelns.

Die für den Käufer meist auffälligsten Merkmale eines Motorseglers sind der eingedeckte zweite Steuerstand und der starke Motor. Aber gerade der zweite Steuerstand nimmt auf Booten unter 10 m Länge sehr viel Platz weg, wie aus der Zeichnung hervorgeht. Die untere Version hat einen großen Deckssalon mit abnehmbarem Verdeck zwischen dem Spoiler und der Windschutzscheibe und zusätzlich eine Achterkajüte. Die Version darüber hat nur einen eingedeckten Steuerstand und ein offenes Cockpit, dafür fehlen der große Deckssalon und die Achterkajüte.

Was die Motorisierung anbelangt, so ist die Standardmotorisierung der meisten Motorsegler nicht größer als bei Segelbooten gewählt. Wenn man einigermaßen Power im Schiff haben will, muß man je nach Rumpftyp über 4 bis 6 kW pro Tonne gehen.

44

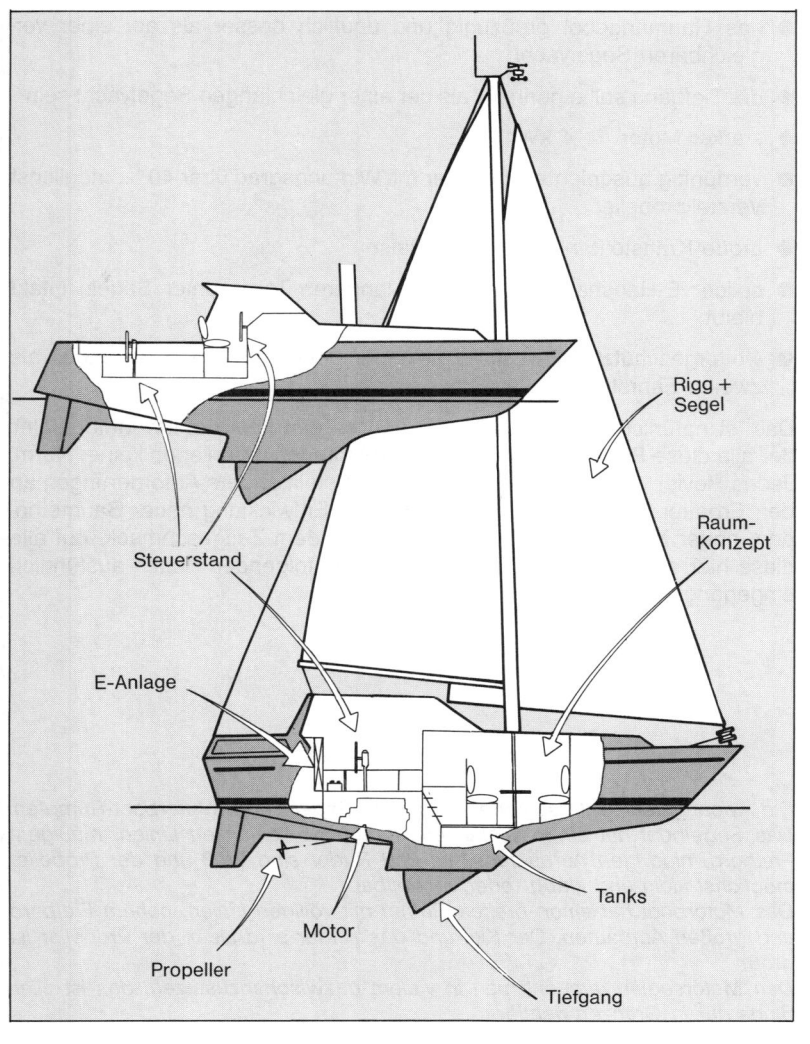

Steuerstand

Rigg + Segel

Raum-Konzept

E-Anlage

Tanks

Propeller

Motor

Tiefgang

- das Raumangebot großzügig und deutlich besser als auf einer vergleichbaren Segelyacht

- der Tiefgang sollte geringer als der einer gleichlangen Segelyacht sein

- starker Motor ($\geqq$ 4 kW/t)

- vernünftig ausgelegter Propeller mit Wirkungsgrad über 40%, möglichst Verstellpropeller

- große Kraftstofftanks für lange Reisen

- solider E-Haushalt, der auch bei längeren Törns unter Segeln intakt bleibt

- wettergeschützter Fahrstand ab einer gewissen Länge, eventuell als zweiter Fahrstand.

Das ist natürlich das Idealkonzept, und es gibt kaum einen Motorsegler, der alle diese Punkte erfüllt. Die Entwurfskriterien unterliegen keiner Norm. Jedes Revier und jede spezielle Einsatzart stellt andere Anforderungen an den Erbauer, ja sie verändern sich mit der Entwicklung neuer Baumethoden, neuer Materialien und nicht zuletzt mit dem Zeitgeschmack. Auf alle diese hier aufgeführten Punkte wird auf den folgenden Seiten ausführlich eingegangen.

Die wichtigsten Unterschiede zwischen Segel- und Motorboot-Rümpfen. ▶
Das Segelboot hat einen schlanken Rumpf mit schlanken Linien, mäßigem Freibord, niedrigen Aufbauten, Kiel und Ruder sind groß und der Propeller möglichst klein und klapp- oder verstellbar.
Das Motorboot hat einen breiten Rumpf mit völligen Linien, hohem Freibord und großen Aufbauten. Der Kiel und das Ruder sind klein, der Propeller ist groß.
Den Motorsegler versucht man in vielem dazwischenzusetzen, das ist allerdings nur in Grenzen richtig.

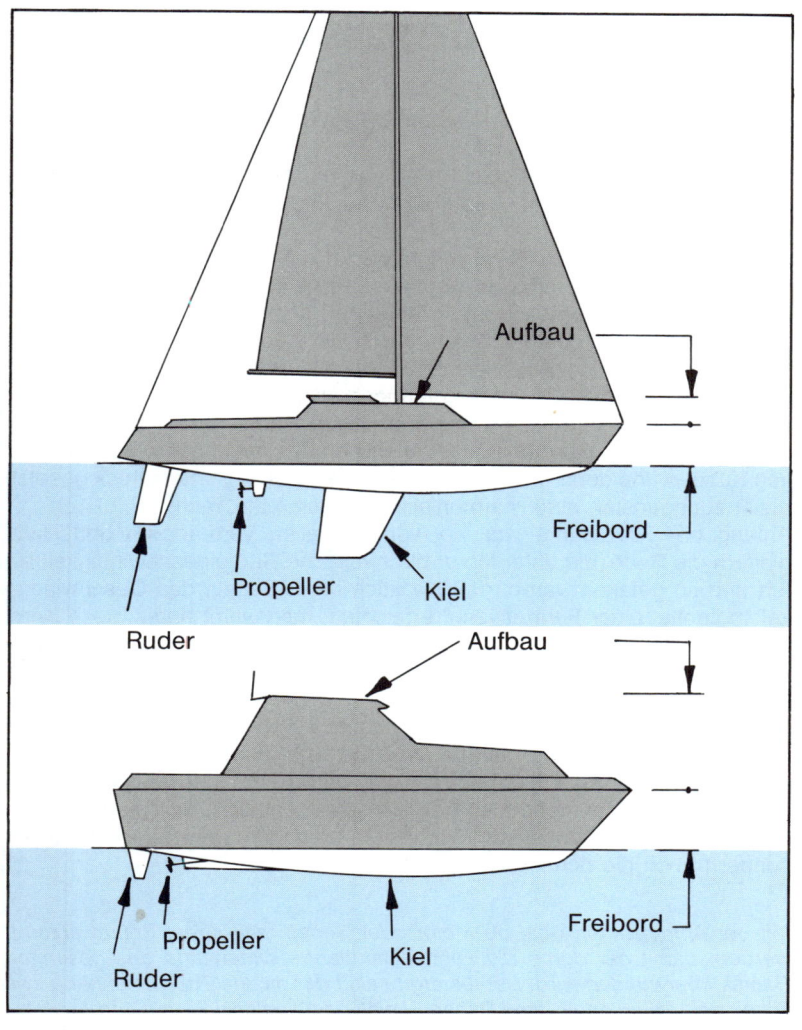

Aufbau

Freibord

Propeller

Kiel

Ruder

Aufbau

Ruder

Propeller

Kiel

Freibord

47

Rumpf des Motorseglers

Fahrverhalten und Grenzgeschwindigkeit

Das Fahrverhalten einer Yacht, gleich welcher Art, ist in erster Linie durch die Rumpfform und erst in zweiter Linie durch die Stärke des Antriebs festgelegt.

Gehen wir davon aus, daß ein Motorsegler ein Antriebspotential hat, mit dem er segelnd auf Halbwindkurs bei 15 kn Wind und motorend mit 80% Nenndrehzahl Rumpfgeschwindigkeit laufen kann. Das ist beim heutigen Entwicklungsstand des Yachtbaus durchaus möglich. Diese Fahrleistung setzt aber einen spezifisch leichten Rumpf, eine wirksame Takelung und einen angemessenen Propellerwirkungsgrad voraus.

Durch die Antriebsgröße sind die vernünftigen Grenzen der Rumpflinien im Prinzip festgelegt. Die Konstrukteure wissen das meist auch, werden aber von Kunden und den Forderungen des Marktes häufig unter Druck gesetzt, meist zuungunsten einer harmonisch abgestimmten Yacht.

Anfang der 70er Jahre war viel von schnellen Verdrängern und Halbgleitern die Rede, die unter Motor bis zweifache Rumpfgeschwindigkeit liefen und so getakelt waren, daß sie auch unter Segeln das Geschwindigkeitspotential einer Fahrtenyacht erreichten. Insgesamt bringt diese Kombination aber so viele technische Probleme mit sich, daß derartige Konstruktionen aus heutiger Sicht noch zu aufwendig und dementsprechend teuer sind.

So sind alle diese Versuche sehr schnell vom Markt verschwunden (s. auch „Motorsegler − Yachten der Zukunft").

Warum man das Kunststück noch nicht wirklich im Griff hat, liegt an einigen gegeneinander stehenden physikalischen Faktoren. Will man das vom Rumpf erzeugte Wellensystem verlassen, braucht man nicht nur viel Kraft, sondern auch die richtige Rumpfform.

Mit der Antriebskraft, egal ob Motor oder Segel, muß soviel Schub erzeugt werden, damit der durch die Fahrt entstehende Widerstand des gesamten Bootes überwunden wird. Daraus ergibt sich der direkte Zusammenhang zwischen dem kaum erfaßbaren Gesamt-Leistungsverhältnis Rumpf und Antrieb.

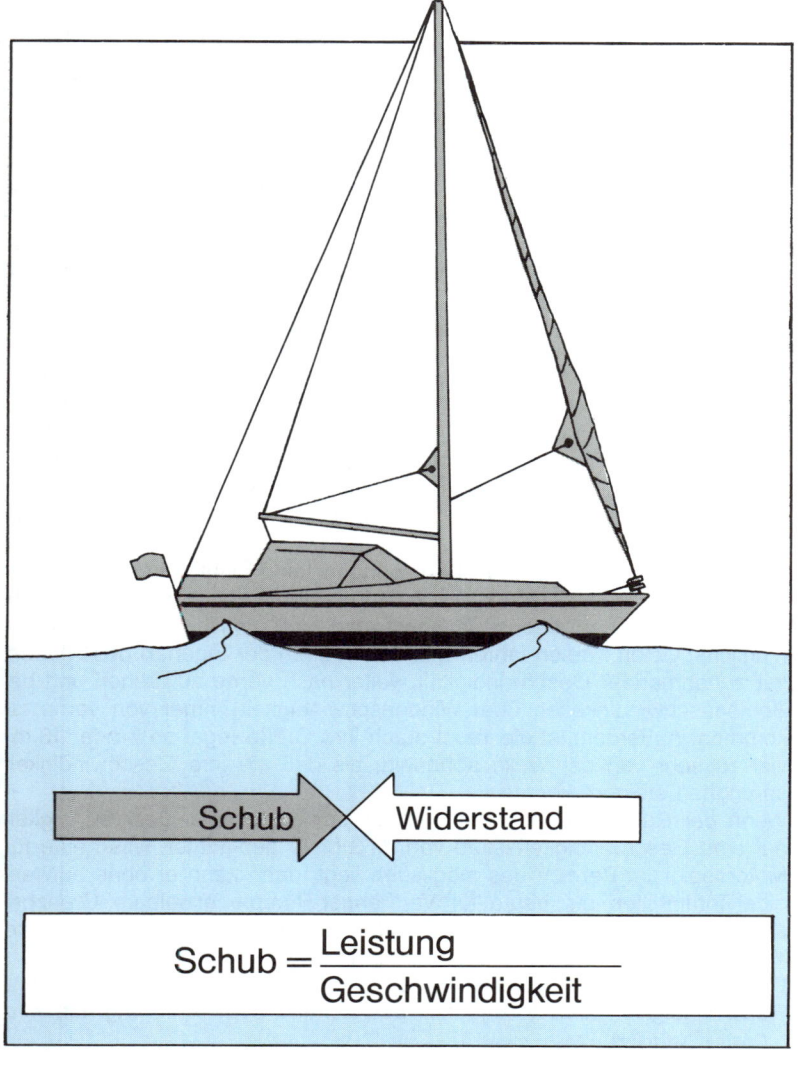

Der Nachteil des schnellen gleitenden Rumpfes ist aber, daß er in langsamer Fahrt nicht so gut und widerstandsarm ist wie ein Verdränger-Rumpf, der seinerseits aber nicht gleitet.

Auf dem Motorboot-Sektor läßt sich in dieser Hinsicht leichter „sündigen", da man vieles mit Gewalt über die Motorleistung gutmachen kann. Beim Segeln aber bedeutet mehr Kraft mehr Segelfläche. Die Segel wiederum erzeugen Querkräfte, die sich nur mit größerer Rumpfbreite und mehr Ballast auffangen lassen. Dazu kommt, daß der Lateralwiderstand (das ist der Querschiffswiderstand) ohne den ein Segeln nach Luv nicht möglich ist, immer schwächer wird. Diesen Querschiffswiderstand erreicht man mit dem Kiel, der wiederum bei Geschwindigkeiten über Rumpfgeschwindigkeit zum Handicap wird.

Ähnlich sieht es mit dem Ruder aus: schnelles Motorboot → kleines Ruder; Segelboot → großes Ruder. Und das ist nur die physikalisch-technische Seite, bezogen auf ruhiges Wasser. Bedenkt man, daß eine Yacht ab 5 Windstärken gegenan (auch eine Motoryacht) im freien Seeraum auf Rumpfgeschwindigkeit und weniger herunter muß, liegen die Zielvorstellungen für die Geschwindigkeit im Bereich der Rumpfgeschwindigkeit in vernünftigen Grenzen.

Seefahrt* unter angenehmen Bedingungen kann nicht schnell sein. Wer schnell sein will, muß fliegen. Auch in Zukunft werden wir keine großartigen Sprünge in der gesegelten Geschwindigkeit erreichen, wenn man auf möglichst vielen Kursen fahren will. Das liegt an der Eigenart des Windes, mit zunehmender Geschwindigkeit weiter nach vorne zu drehen und bei Bootsgeschwindigkeiten über Windgeschwindigkeit immer von vorne zu kommen. Außerdem ist die Yacht durch ihre Größe (egal ob 7 oder 16 m) viel zu sehr von der Welle abhängig, als daß sie ihre Geschwindigkeit sprunghaft steigern könnte.

Wenn der Rumpf, je nach Yachttyp, mit seiner Maximal-Geschwindigkeit auf eine Geschwindigkeitsstufe von V_G 3 bis 4 geplant ist, was heute für Motorsegler im Bereich des möglichen liegt, dann kann er ohne aufwendige Trimmhilfen die heute für Verdränger-Rümpfe erzielbare Grenzgeschwindigkeiten unter Segeln und Motor fahren. Das bedeutet für eine Yacht mit 9 m Wasserlinienlänge immerhin 9 bis 12 kn.

Das mag gefühlsmäßig ein Verzicht auf das „mehr Leistung" und „mehr Geschwindigkeit" sein. Wer jedoch ausreichend Segelerfahrung hat, wird

* Gemeint ist freies Wasser mit Welle.

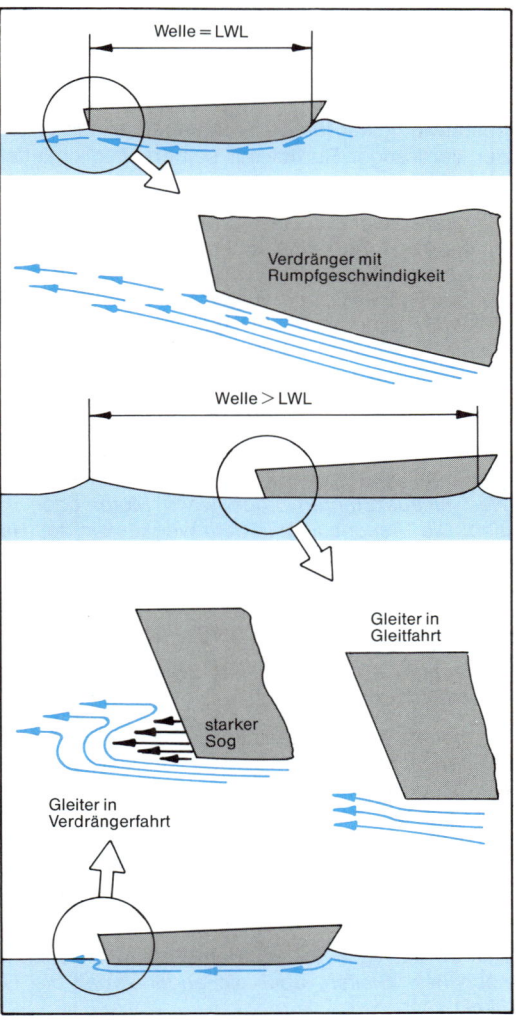

Die Skizze zeigt den wesentlichen Nachteil eines Gleiterrumpfes in Verdrängerfahrt.

Skizze oben: Am Verdrängerrumpf läuft das Wasser ungestört entlang, solange die erzeugte Welle nicht größer als die Wasserlinie ist. Der Rumpf kann aber nicht viel schneller fahren als Rumpfgeschwindigkeit.

Skizze Mitte: Der Gleiterrumpf entwickelt dynamischen Auftrieb und kann sein Wellensystem verlassen. Er kann viel schneller sein als Rumpfgeschwindigkeit.

Skizze unten: Geht man mit dem Gleiterrumpf unter Gleitergeschwindigkeit, wird das Fahrverhalten sehr schlecht. Das Heck fängt an zu saugen (schluckt viel Kraft) und das Boot liegt ganz schlecht auf dem Ruder.

51

einsehen, daß Geschwindigkeiten über dieses Maß hinaus für Fahrten auf Küsten- und Seerevieren mit kleiner Crew sinnlos sind.
Bleibt als wichtigster Faktor der Rumpf. Natürlich gibt es Rümpfe für jede Geschwindigkeitsstufe, das ist aber immer eine Festlegung auf die Endgeschwindigkeit (da es noch keine flexiblen Rümpfe gibt!). Und deshalb ist der Verdränger-Rumpf mit seinen Möglichkeiten für den Motorsegler der günstigste.

Die Grafik zeigt den Gesamtwiderstand des Rumpfes im Wasser, der sich aus Reibungs- (grau) und Formwiderstand (blau) zusammensetzt. Die dicke schwarze Linie ist der Gesamtwiderstand. Auf der horizontalen Skala ist die Geschwindigkeitsstufe aufgetragen. Bei zunehmender Geschwindigkeit zeigt der Widerstand einige Buckel, die sich auch im Fahrverhalten äußern.

Bei $V_G = 1,63$ finden Sie eine strichpunktierte Linie, die die durchschnittliche Geschwindigkeitsstufe auf längeren Seestrecken kennzeichnet. Bei $V_G = 2,43$ finden Sie eine senkrechte Linie, sie kennzeichnet die Rumpfgeschwindigkeit. Aus dem Widerstandsverhalten der verschiedenen Rumpfarten ergibt sich, daß bei $V_G = 2,72$ die Grenzgeschwindigkeit von schweren Yachten mit rundem oder spitzem Heck liegt. Diese Yachten sind nicht in der Lage, über den Wert hinauszufahren, auch wenn Motor oder Segelfläche überdimensional sind. Die Ursache liegt in dem Wegsacken des Hecks in das Wellental, da die Heckwelle nach hinten auswandert. Je nach Rumpfform (besonders des Achterschiffs), der relativen Verdrängung und dem Segel-Tragvermögen (relative Segelfläche) erreichen heute die „Verdränger" Geschwindigkeitsstufen bis ca. $V_G = 4$. Sie sind im oberen Teil der Grafik eingezeichnet.

Im rechten oberen Teil sind Grenzgeschwindigkeiten von einigen anderen Bootskategorien markiert.

Ich möchte hier auf einen scheinbaren Widerspruch hinweisen: Bei Segelbooten spricht man ab ca. $V_G = 4,0$ vom Gleiten, bei gleitenden Motorbooten aber erst ab etwa $V_G = 6,0$.
Der Bereich dazwischen wird auf dem Motorboot-Sektor als „halbgleiten" bezeichnet. Tatsächlich kann man aber bei spezifisch leichten Booten, und das sind (gleitende) Segelboote, früher von Gleitfahrt sprechen, da die dynamischen Kräfte nicht so extrem gewaltig werden müssen wie bei den spezifisch schwereren Motorbooten.

Das ab ca. $V_G = 2,7$ vor dem Wind einsetzende Rutschen mit der Welle ist noch kein Gleiten, aber ein angenehmer, die Geschwindigkeit erhöhender Effekt.

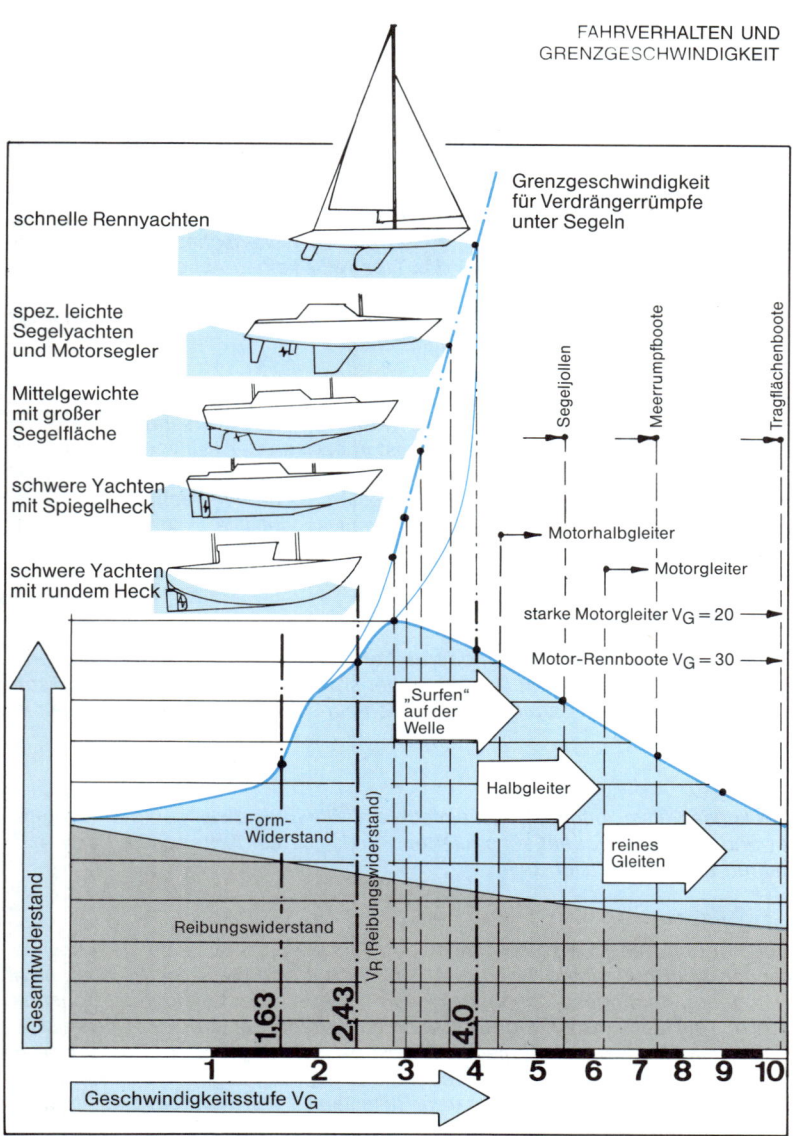

schnelle Rennyachten

spez. leichte
Segelyachten
und Motorsegler

Mittelgewichte
mit großer
Segelfläche

schwere Yachten
mit Spiegelheck

schwere Yachten
mit rundem Heck

Grenzgeschwindigkeit
für Verdrängerrümpfe
unter Segeln

Segeljollen

Meerrumpfboote

Tragflächenboote

Motorhalbgleiter

Motorgleiter

starke Motorgleiter $V_G = 20$

Motor-Rennboote $V_G = 30$

„Surfen"
auf der
Welle

Halbgleiter

reines
Gleiten

Form-
Widerstand

V_R (Reibungswiderstand)

Reibungswiderstand

Gesamtwiderstand

1,63   2,43   4,0

Geschwindigkeitsstufe V_G

1   2   3   4   5   6   7   8   9   10

Rechts sehen Sie die 5 unterschiedlichen Rumpfkonzepte, wie sie für Motor- ▶
segler verwendet werden.
Meist werden natürlich die Schiffe stilecht konstruiert und die zum Rumpftyp
passenden Aufbauten und Riggs gewählt.
Bei der Beurteilung dieser Rumpftypen prallen Weltanschauungen aufeinan-
der, die auch in dem Kompromiß des Typs Nr. 3 keinen Ausgleich finden. Die
Fahreigenschaften eines richtig konstruierten Kurzkielers sind meines Erach-
tens nach aber so überzeugend, daß die Argumentation mit der Sicherheit
und der Kursstabilität nicht standhalten kann.

(1)
Der Fischkutter-Typ hat sehr volle Linien mit völligen Schiffsenden und einen
sehr tief gehenden S- bis U-Spant. Er ist spezifisch der schwerste Rumpftyp.
Man sagt ihm aufgrund seiner Abstammung Robustheit und Seetüchtigkeit
nach. Setzt man diese Attribute aber zu einem modernen Yachtrumpf in Rela-
tion, so schneidet der schwere Kutterrumpf so gut wie in jeder Beziehung
schlechter ab. Er ist langsamer, seine Bewegungen im Seegang sind stärker
und er ist schlechter zu manövrieren.

(2)
Ganz anders verhält sich der moderne Langkieler – gleichgültig ob mit Kanu-
oder Yachtheck. Das ist ein Rumpftyp, der spezifisch leichter ist als der Fisch-
kutter und mit seinen harmonischen Linien ein sehr angenehmes Verhalten im
Seegang zeigt.

(3)
Der konservative Yachtrumpf ist einfach ein Mittelding zwischen dem Langkie-
ler und dem konsequent konstruierten Kurzkieler. Ein Kompromiß, der vor 15
Jahren als fortschrittlich galt.

(4) + (5)
Der moderne Yachtrumpf in Kurzkiel- oder Schwertversion vereinigt aus segle-
rischer Sicht die besten Eigenschaften. Nur hat sich die Tatsache noch nicht
weit genug herumgesprochen, daß auch der Kurzkieler bei richtiger Konstruk-
tion gut auf dem Ruder liegt und auch auf langen Seestrecken sicher ist.
Daß der Kielschwerter bei gleicher Konstruktion und gleichem Bau schwerer
ausfällt, liegt am Ballast. Das Kielboot hat einen tiefer liegenden Schwerpunkt
und kann deshalb einen geringeren Ballastanteil bei gleichem Segeltragver-
mögen fahren.

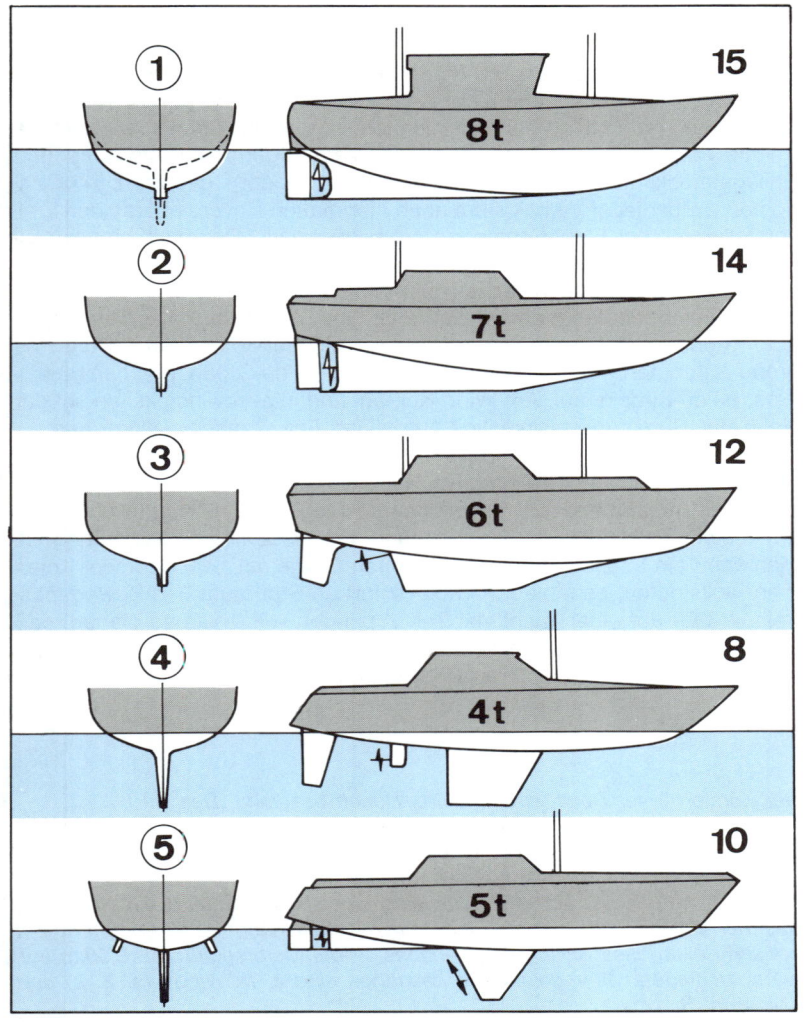

Rumpf- und Raumkonzept

Es gibt auf dem europäischen Markt ca. 2000 Bootstypen, mit denen die Werften das Wunschspektrum der Bootskäufer zu befriedigen versuchen. Davon kann man ca. 10 bis 15% als Motorsegler einstufen. Hier reicht die Palette von ganz schweren traditionellen Verdrängern mit Kutterrumpf und Spitzgattheck bis zur sehr leicht gebauten, modern gestylten Schwertbooten. Trotz dieser Vielfalt steht auch hier manch Unvereinbares den Zielvorstellungen der Eigner entgegen. So bedeutet viel Raum ein breites, völliges und hohes Schiff. Dem Wunsch steht die Tatsache gegenüber, daß ein voluminöses Boot schlechter segelt als ein schlankes.

Volle Linien bedeuten mehr Volumen. Es gibt zwar mehr Platz, damit steigt aber wieder das Gewicht, mit dem Gewicht der Widerstand. Durch zu große Aufbauten wächst der Luftwiderstand – eine Größe, die man besonders beim Segeln auf Am-Wind-Kursen und Geschwindigkeiten in der Nähe der Rumpfgeschwindigkeit auf keinen Fall vernachlässigen darf.

So ergeben sich aus dem geplanten Geschwindigkeitspotential und dem diesem entsprechenden Rumpftyp Hauptabmessungen für ein Raumkonzept, das längenbezogen nur bestimmte Möglichkeiten zuläßt und nicht nur für die Einhaltung der Verdrängung von wesentlicher Bedeutung ist. Man kann ein Schiff von einer bestimmten Länge mit zwei oder vier Kojen mehr vollstopfen, es fehlt dann aber sofort an Stauraum und Bewegungsfreiheit. Wer auf einer Yacht viel Zeit zubringen will, sollte so planen, daß der Salon nachts nicht umgebaut werden muß, und daß in seeklarem Zustand, auch wenn Gäste an Bord sind, alles seinen Stauraum hat.

Der Komfort unter Deck wird von drei Höhen bestimmt. Das sind: ►
Sitzhöhe (0,90/1,40 m), Kriechhöhe (0,75 m) und Stehhöhe (1,85 bis 2,00 m).
Diese Höhen erlauben erst ab einer gewissen Rumpflänge ein vernünftiges,
auch nach außen hin optisch einwandfreies Styling.
Beim Motorsegler ist vor allem der eingedeckte Steuerstand ein Hindernis,
das bei kleinen Booten den Blick vom Cockpit nach vorne versperrt. Ein
optisch gelungenes Styling mit Stehhöhe ist bei Motorseglern ab 8,50 m auf-
wärts zu finden. Sehr gelungene Lösungen sind z. B. Winga (s. S. 9) und
LM 32 (s. S. 121).

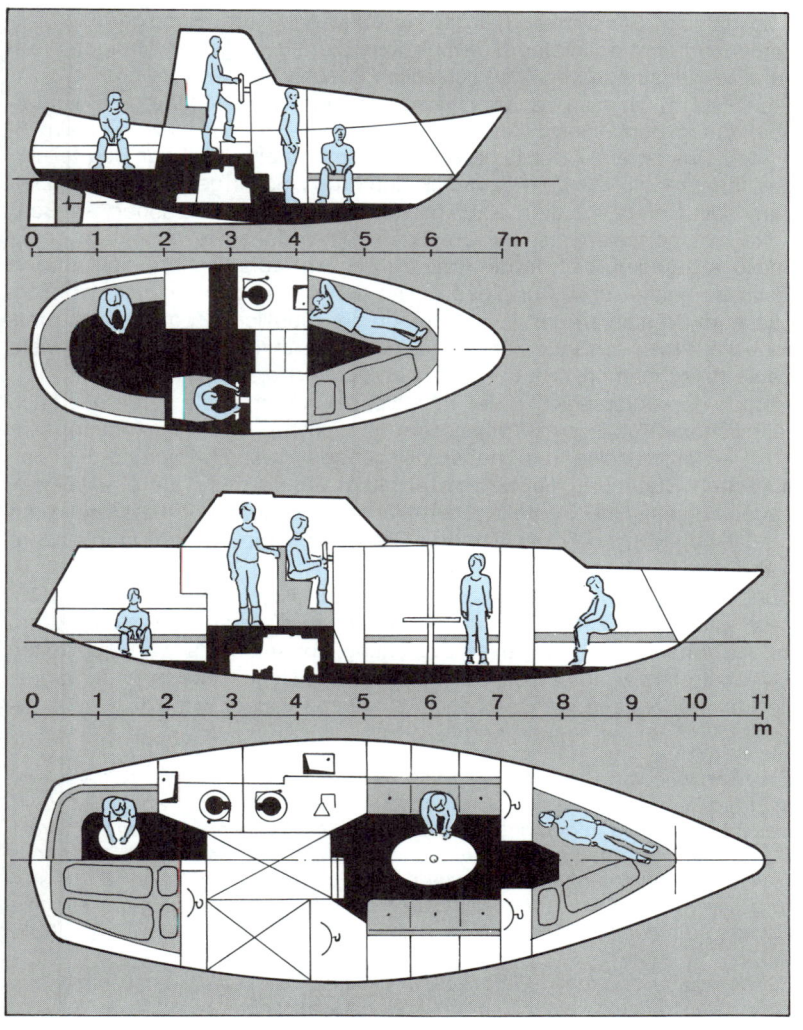

Aus diesem Blickwinkel hat jede Bootslänge, der Bootsgattung entsprechend, ihre optimalen Möglichkeiten, die allerdings von findigen Werften und Konstrukteuren unterschiedlich genutzt werden. Stehhöhe, Sitzhöhe und Kriechhöhe sind eindeutige Maße. Sie werden aber durch den Wunsch, in zu kleine Rümpfe zu viel einzubauen, mißachtet. Das ist einer der Gründe, warum man beim Kauf zur Beurteilung des Innenraums mit dem Zollstock durch das Schiff gehen sollte. Außerdem sollte man vor dem Kauf mindestens so viele Personen an Bord holen, wie normalerweise zur Crew gehören. Jeder sollte versuchen, seine Jacke abzulegen, sich in die Koje zu packen, aufzustehen, sich an den Tisch zu setzen usw. Auf diese Weise merkt man sehr schnell, wo Engpässe im „Verkehrsraum" liegen und ob der räumliche Komfort auch praktisch ist. Noch aussagekräftiger ist natürlich, zum Probeschlag so viele Leute mitzunehmen, wie das Schiff an festen Kojen hat.

Gerade der Motorsegler ist der Yachttyp, bei dem man die Forderung nach räumlichem Komfort mit praktischer Einrichtung und Ausstattung sehr hoch ansetzen sollte, d. h. neben der gut bemessenen Koje und dem persönlichen Stauraum müßte man ab 10 m Länge mehr als ein WC einbauen, Eigner- und Gästekammern räumlich trennen und einen rund um die Uhr ohne Umbau benutzbaren Salon vorfinden, in dem man andere nicht stört.

Sehr wichtig ist, daß mit der Zuordnung einer Koje in das räumliche Konzept sofort auch eine Intimsphäre entsteht, in die man sich auch (gerne) zurückziehen kann. In dieser Beziehung kommt eines der wichtigsten Merkmale des Motorseglers zum Tragen: das Deckshaus bzw. der eingedeckte Steuerstand, da das Leben „an Deck" verlegt wird.

Der räumliche Vorteil des Motorseglers liegt im zusätzlich eingedeckten Cock- ▶
pit, so daß sich ein Teil des Bordlebens praktisch „an Deck" abspielen kann.
Das ist besonders in dem wechselhaften Wetter in unseren Breiten ein Vorteil.
Der Kartentisch, häufig die Pantry und eine Sitzgruppe sind in das Deckshaus
verlegt. Bei entsprechender Konzeption in Kombination mit einer Teilpersen-
ning und richtiger Belüftung ist es auch eine praktische Lösung für wärmere
Reviere, da dort der Schutz vor Sonne und Schauern eine wichtige Rolle
spielt.
Für den so geschaffenen Platz unter Deck lassen sich eine Gästekammer und
die zweite Naßzelle, mehr Schrankraum oder ähnliches unterbringen.

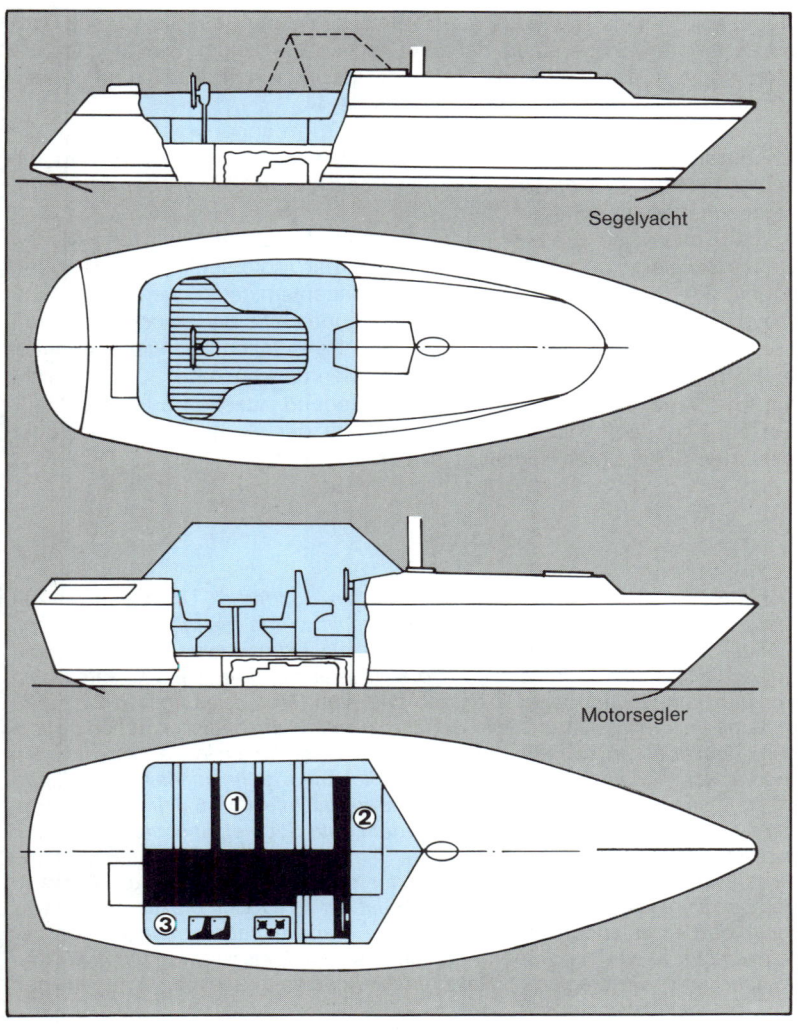

Segelyacht

Motorsegler

Dabei spielt es bis 16 m Länge gar keine dominierende Rolle, ob das Boot einen zweiten Steuerstand hat oder nicht. Das zeigen einige populäre Motorsegler wie z. B. Coronet/Elvström 38, und die in die Zukunft geplanten Motorsegler MRCB und Cruise Royale 44.

Es kommt in der Größenordnung bis etwa 11 m sogar wesentlich auf die Phantasie des Konstrukteurs und der Werft an, auch dem Anspruch Motorsegler gerecht zu werden, ohne das Schiff zu verbauen oder den Fahreigenschaften zu schaden.

Konstrukteure und Erbauer dürfen natürlich für die Nutzung des großen Deckshauses nicht vergessen, daß auch der Motorsegler mit Krängung segelt, d. h. man darf in der Wahl des Konzepts nicht zu weit in Richtung Motorboot gehen und z. B. lange Bänke querschiffs bauen oder zwischen den Möbeln zu viel freien Raum lassen. Es müssen ausreichend Halte- und Stützmöglichkeiten vorhanden sein. Man darf auch bei 30° Lage nicht mit lose verlegten Teppichen durch die Gegend rutschen oder ähnliches. Ein bei Lage gefährliches Deckshaus kann der Grund für einen Eigner sein, das Schiff unter Segeln nicht gerne zu nutzen.

Der MRCB (Multi Roll Cruising Boat) ist ein Sonderfall. Ohne den starken ▶
Motor und die Staukeile am Unterwasserschiff würde man ihn als spezifisch sehr leichte, gut segelnde Schwertyacht mit extravagantem Interieur und gutem Styling einstufen. Mit den hydraulisch ausfahrbaren Trimmkästen, den in einen Tunnel klappbaren Z-Antrieb und einer Motorisierung von 24,2 kW/t muß man allerdings sagen: Hier hat die Zukunft wahrscheinlich schon begonnen. Zumindest in einigen Details. Das ist in erster Linie der Versuch, die größte Schwierigkeit in den Griff zu bekommen: sehr schnell unter Motor (17 kn), das entspricht einer Geschwindigkeitsstufe von 5,5 (mehr als doppelte Rumpfgeschwindigkeit) und trotzdem gute Segeleigenschaften. Erreicht wird das über hydraulisch verstellbare Trimmkästen, die die Rumpfform der Geschwindigkeit anpassen. Der Preis der Yacht zeigt, mit welchem Aufwand das bewältigt werden muß. Auf alle Fälle ist der MRCB ein praktischer Beweis dafür, daß es machbar ist, wenn auch die Frage auftaucht, wieweit sich der Aufwand für Küsten- und Seereviere lohnt, wo die Motorleistung nur in Flauten ausfahrbar ist. Für Segler auf Revieren mit Kanälen und langen Anfahrtwegen usw. natürlich phantastisch.

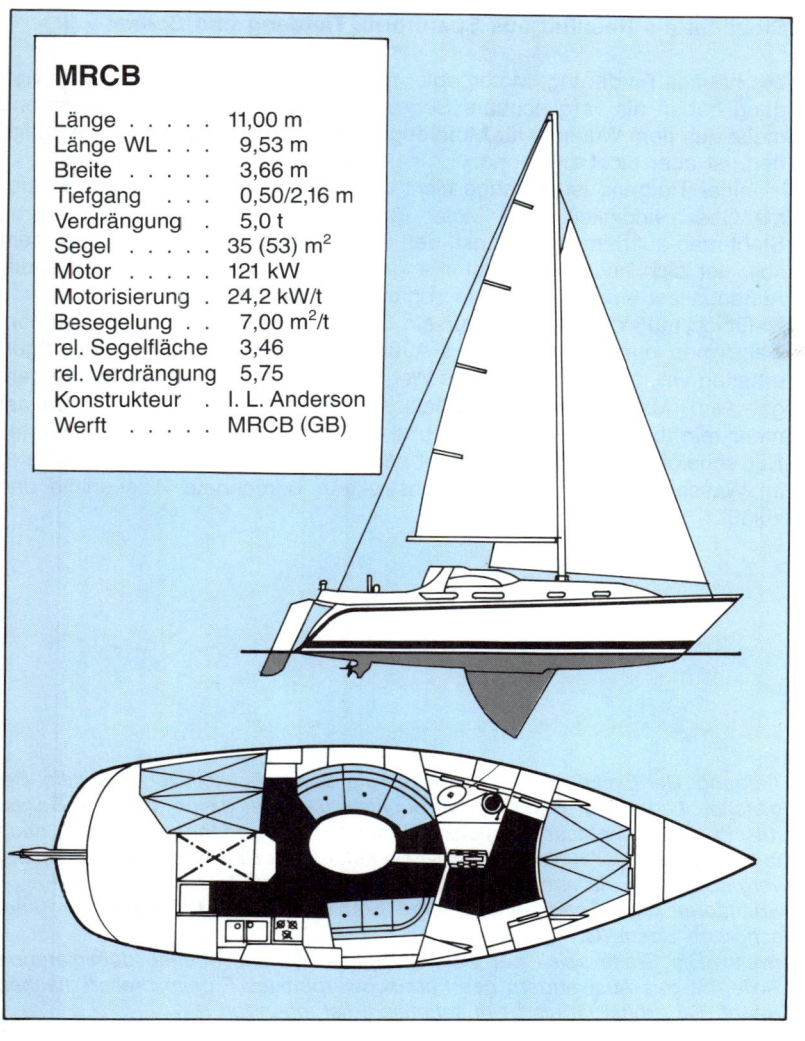

MRCB

Länge	11,00 m
Länge WL . . .	9,53 m
Breite	3,66 m
Tiefgang . . .	0,50/2,16 m
Verdrängung .	5,0 t
Segel	35 (53) m²
Motor	121 kW
Motorisierung .	24,2 kW/t
Besegelung . .	7,00 m²/t
rel. Segelfläche	3,46
rel. Verdrängung	5,75
Konstrukteur .	I. L. Anderson
Werft	MRCB (GB)

Stabilität als Resultat aus Spantform, Tiefgang und Ballast

Die häufige Forderung, Motorsegler müßten breiter sein und weniger Tiefgang haben als vergleichbare Segelyachten, entsteht meines Erachtens meist aus dem Wunsch, für Motorsegler Unterscheidungsmerkmale zu finden, ist aber nicht zwingend.

Weniger Tiefgang ist so lange nicht von Bedeutung, wie das Revier oder die Geschwindigkeit unter Motor (gleiten) ihn nicht erforderlich macht. Steht man auf dem Standpunkt, daß der Motorsegler ein guter Segler sein soll, der sich auch unter Motor angenehm fährt, wirkt sich tiefliegender Außenballast eines Kurzkielers sogar positiv aus.

Natürlich muß der Konstrukteur ein Schiff breiter (oder völliger) machen, wenn man ohne Erhöhung des Außenballastes das Segeltragvermögen erhalten will. Nicht richtig ist der Weg, wie er bei diversen Werften gegangen wird. Man schneidet die Kielflosse kürzer, legt 20 bis 30% Ballast mehr rein, baut ein Schwert ein und schon hat man einen Kielschwerter. Nur scheinbar – in Wirklichkeit ist das ein überlastetes Boot, da es tiefer im Wasser liegt als die vom Konstrukteur berechnete Wasserlinie das zuläßt.

Tiefgang: Der Einfluß des Tiefgangs auf die Gewichtsstabilität querschiffs. Bei gleicher Lage des Rumpfschwerpunktes G_R und gleich großem Ballast rutscht der Gewichtsschwerpunkt G_1 bei größer werdendem Tiefgang nach unten (G_2), da der Kielschwerpunkt G_K tiefer liegt. Das aufrichtende Moment vergrößert sich, da auch der Hebelarm h_1 (G_1F) größer wird ($h_2 = G_2F$).

Spantform: Der V-Spant bringt weniger Stabilität (G, F_1, h_1) als der in der Kimm schärfere Spant (G, F_2, h_2).

Breite: Die Breite spielt bei gleicher Spantform eine ebenso dominierende Rolle, da das Auswandern des Formschwerpunktes F beim breiten, flachen Spant (F_2) größer ist als beim schmalen, tiefgehenden (F_1).

Zu bedenken ist aber, daß der Motorsegler durch die stärkere Maschine, die größeren Tanks und mehr feste Einbauten, wie fester und eingedeckter Steuerstand, schwereres Rigg (durch Reffanlagen) und mehr Technik usw. einen spezifisch schwereren Rumpf hat, so daß der Gesamtschwerpunkt höher als bei der Segelyacht liegt. Ein gleich großer Anteil von Außenballast würde dann das Schiff noch viel schwerer machen.

Meines Erachtens ist als Unterschied zur Segelyacht eher hervorzuheben, daß ein Motorsegler nicht ganz so steif ist — eine Eigenschaft, die im Seegang ohnehin von vielen als angenehm empfunden wird.

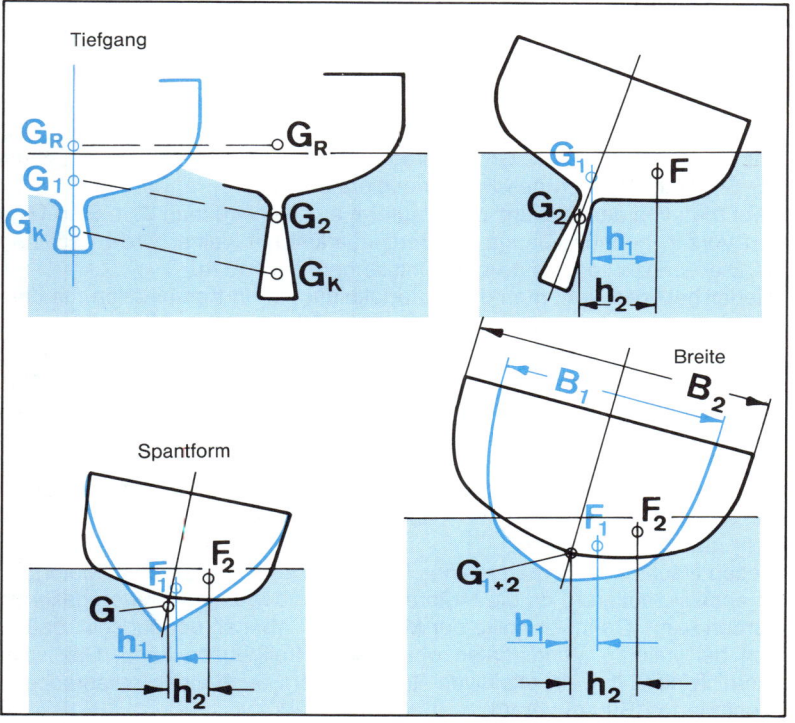

Rigg und Segel
des Motorseglers

Das ideale Motorsegler-Rigg gibt es nicht. Man vertritt heute die Meinung, daß der Motorsegler einen vollwertigen Antrieb unter Segeln haben soll. Das heißt, man muß die Größenordnung der Segelfläche und den Schnitt der Segel im Bereich des Fahrtenseglers suchen.

Geht man von der Effizienz der Riggform aus, so wird man dem Slup-Rigg den Vorzug geben, solange die Bedienbarkeit mit kleiner Crew gesichert ist. Die Grenze liegt heute bei Bootslängen über 10 m.

Wieder häufiger sieht man die Kuttertakelung, oft in Kombination mit dem Ketsch- oder Schoner-Rigg. Mehrmastige Takelungen bringen aber nicht nur weniger Vortrieb, sie sind auch in der Anschaffung teurer. Ab 12 m aufwärts überwiegen aber die praktischen Vorteile: kleinere Segel und niedriger liegender Segelschwerpunkt.

Die Idealvorstellung ist natürlich das stufenlose Reffen aus dem Cockpit. Es gibt einige Systeme, die das z. T. sehr gut ermöglichen. Es sind Rollreff-Anlagen für Stag- und Großsegel. Alle diese Systeme haben aber eines gemeinsam: Sie sind bei viel Wind auf Am-Wind-Kursen schlechter als nicht gerollte Sturmsegel.

Diesen Nachteil kann man meines Erachtens aber gerade beim Motorsegler eher akzeptieren, da die Motoranlage als vollwertiger Antrieb gesehen werden kann. Dennoch sollte der Motorsegler aber so gerigg sein, daß er sich bei vollen 7 Windstärken ohne Motor freikreuzen kann. Das setzt natürlich nicht nur ein effektives Rigg, sondern auch einen entsprechend konstruierten Rumpf voraus.

Segelfläche in angemessenen Dimensionen

Der Motorsegler ist im Durchschnitt mit einer relativen Segelfläche am Wind von 3,8 bis 4,3 ausgerüstet. Das ergibt eine Analyse von ca. 80 Motorseglern von 7 bis 16 m Länge, die 1986 den Motorsegler-Markt repräsentierten. Diese Zahl umgerechnet bedeutet für einen Motorsegler mit 6 t Verdrängung eine Segelfläche von 50 bis 60 m². Beim heutigen Stand des Yachtbaus wiederum bedeuten 6 t ein Schiff von etwa 10 m Länge.

Um die Schubleistung des Riggs wiederum mit dem Motorantrieb vergleichbar zu machen, muß man sie mit der Schubleistung des Propellers (die er tatsächlich umsetzt) vergleichen. Hier kann man sich aber zur ersten Orientierung einer Faustformel bedienen, nach der ca. 10 m² Segelfläche (bei 15 kn Wind) ca. 3 Nennleistung-kW entsprechen. Das bedeutet, für den oben aufgeführten Motorsegler wäre eine Motorisierung von 6 × 3, also 18 kW erforderlich, um die gleiche Fahrleistung zu erreichen wie unter Segel bei 15 kn Wind.

Der Germanische Lloyd bezeichnet in seinen Empfehlungen Yachten bei entsprechender Motorisierung als Motorsegler, die eine relative Segelfläche von 2,5 bis 3,5 haben. Das ergäbe bei einem 6-t-Schiff eine Segelfäche von 20 bis 40 m².

20 m² für eine 6 t schwere Yacht ist für meine Begriffe kein Antrieb mehr, sondern eher ein Treib- oder Stabilisierungssegel. Wären die 20 m² als wirksames Sturmrigg geschneidert, würde das Boot bei 6 bis 7 Windstärken anfangen, richtig zu laufen. Das heißt, daß die Yacht gerade im angenehmen Bereich von 3 bis 5 Windstärken nicht segeln, sondern motoren müßte, um brauchbare Geschwindigkeiten zu erreichen. Um dieses Beispiel in Zahlen auszudrücken:

Die Vortriebsleistung mit 20 m² Segelfläche würde bei einem 6-t-Boot und den entsprechenden 15 kn Wind auf Halbwindkurs unter 2 kn bleiben.

Zieht man die heute gebotenen Reffmöglichkeiten in Betracht, so ist es auch für eine kleine Crew relativ unkompliziert, relative Segelflächen über 4,0 zu beherrschen. Segel als Hauptantrieb sollten 3,5 als rel. Segelfläche nicht unterschreiten.

Mit der größeren Segelfläche ist natürlich der Anspruch des zweiten vollwertigen Hauptantriebes noch nicht erfüllt. Das Boot muß mit dieser Segelfläche auch noch „Weg nach Luv" machen können. Das ist bei einem normal konstruierten Motorsegler-Verdränger-Rumpf mit Kiel und Schwert bei leichten und mittleren Winden kein Problem. Bei Winden um 7 „Weg nach Luv" zu machen, erfordert aber eine wirksame Verkleinerung der Segelfläche. Viele der auf dem Markt befindlichen Reffanlagen lassen da aber zu wünschen übrig. Man könnte hier beim Motorsegler zwar sagen, man kann darauf verzichten, da man ja den zweiten Hauptantrieb hat. Bei 7 sollte aber jeder Motorsegler „Weg nach Luv" machen können.

Wichtig ist, vor dem Kauf die Reffanlagen gründlich zu prüfen, besonders ihre Eignung, bei viel Wind Höhe zu fahren.

Hier die technischen Details im einzelnen zu untersuchen, hätte keinen Sinn, da man in den Fachzeitschriften immer wieder Tests der neuesten Reffanlagen findet. Und da die technischen Details dieser Anlagen noch keineswegs bis ins Letzte ausgereift sind, ist es wichtig, immer die neuesten Tests der neuesten Versionen zu kennen.

Die Trintella 40 A repräsentiert einen Yacht-Typ, der durch Harmonie auffällt. Bedienfreundlichkeit, Komfort und Qualität sind großgeschrieben. Durch die Kielschwert-Konstruktion erreicht man auch Reviere, die Kielyachten mit großem Tiefgang vorenthalten bleiben, und dennoch ist man in der Lage, große Höhe zu segeln. Dem Wunsch vieler Eigner entsprechend gibt es einen zweiten Steuerstand, der zum Schutz vor unserem wechselhaften Wetter eingedeckt ist.

Die Trintella 40 A ist nur eine der Typyachten, die bei Wever bis zu einer Länge von 21 m aus Aluminium gebaut werden. Durch das Bausystem − eine Mischung aus Baukasten und Serienbau − ist die Werft in der Lage, auch das Konzept, den Motor und die Heckform den Eignerwünschen anzupassen.

Nur eines will die Werft nicht, daß man diese Top-Yachten als Motorsegler bezeichnet.

Zugegeben, die Segeleigenschaften sind ausgezeichnet, die Motorisierung liegt gerade über der für Segelyachten empfohlenen Mindestmotorisierung. Die guten Segeleigenschaften sind aber für einen modernen Motorsegler typisch. Der Motor kann auf Eignerwunsch kräftiger sein. Sonst hat die Trintella 40 A alle positiven Attribute des modernen Motorseglers. Sie hat zwar auch keinen Verstellpropeller, sondern einen Drehflügler, aber das ist so lange vertretbar, wie es nicht wirklich preiswerte und zuverlässige Verstellpropeller-Anlagen für Yachten gibt.

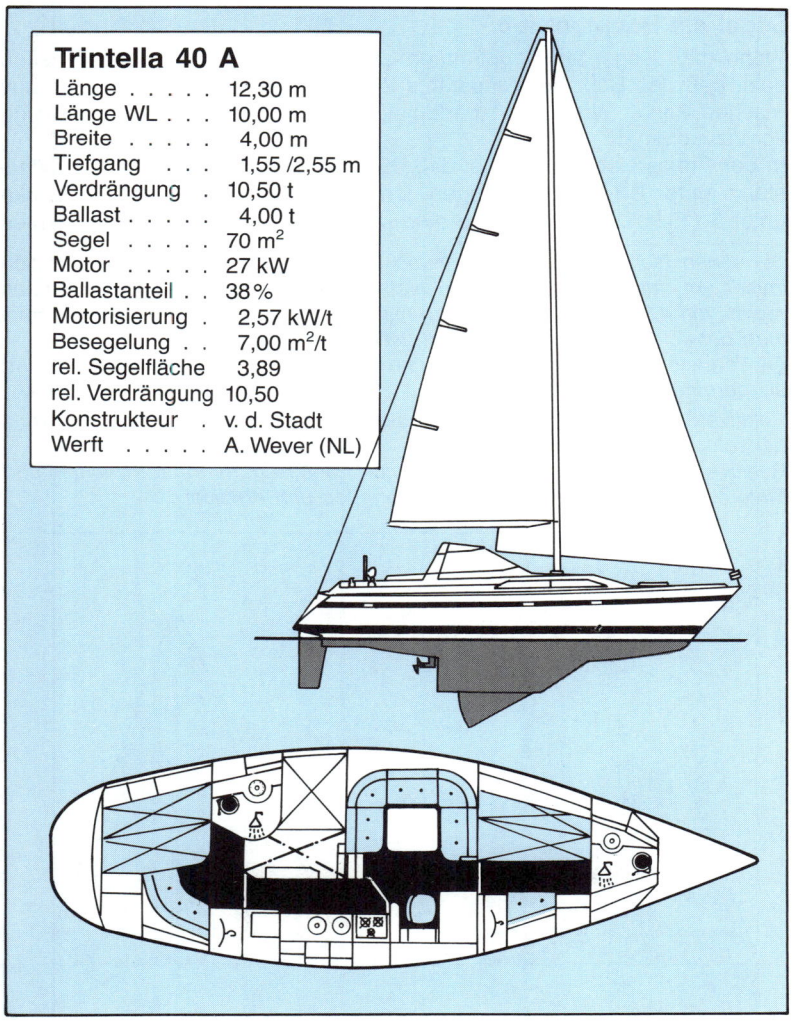

Trintella 40 A

Länge	12,30 m
Länge WL . . .	10,00 m
Breite	4,00 m
Tiefgang . . .	1,55 /2,55 m
Verdrängung .	10,50 t
Ballast	4,00 t
Segel	70 m^2
Motor	27 kW
Ballastanteil . .	38 %
Motorisierung .	2,57 kW/t
Besegelung . .	7,00 m^2/t
rel. Segelfläche	3,89
rel. Verdrängung	10,50
Konstrukteur .	v. d. Stadt
Werft	A. Wever (NL)

Segel als Hauptantrieb

Wenn man Segel als Hauptantrieb betrachtet, sollten sie so beschaffen sein, daß das Boot bei Windstärke 2 bis 8 (5 bis 40 kn) Weg nach Luv machen kann. „Nach Luv" bedeutet, durch Kreuzen in Richtung Wind voranzukommen.

In der Praxis sieht es so aus, daß 95% der gefahrenen Zeiten bei Windstärke unter 6 (ca. 25 kn) liegen. Davon wiederum 80% bei Windstärke unter 5 (15 kn). Das setzt also eine relativ große Segelfläche für leichtes

Sie sehen hier die Verhältnisse verschieden großer Riggs. Es handelt sich immer um das gleiche Boot. Die relative Segelfläche nimmt von links nach rechts von 4,3 bis 2,5 ab. Das Rigg mit A_{SR} 3,5 kann man noch als Hauptantrieb betrachten. Was darunter liegt, ist Hilfsbesegelung.

Als Vergleich ist die rechte Segelfläche (A_{SR} 2,5) gestrichelt in das linke Rigg als gereffte Fläche eingezeichnet.

Relative Segelfläche = 4,3: Das sind die Rigg-Verhältnisse, wie man sie heute bei schnell anspringenden, spezifisch leichten Yachten findet.

Relative Segelfläche = 3,8–4,0: Gut wirksames Rigg für Fahrtenyachten und Motorsegler mit modernen, leichten Rümpfen und Kurzkiel.

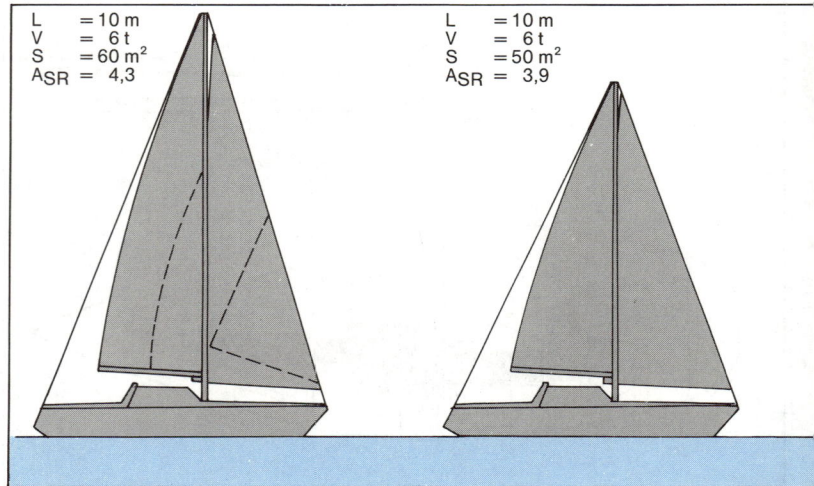

L = 10 m
V = 6 t
S = 60 m²
A_{SR} = 4,3

L = 10 m
V = 6 t
S = 50 m²
A_{SR} = 3,9

Wetter voraus. Legt man für die Abschätzung dieser Segelfläche den Begriff der „relativen Segelfläche" zugrunde, so liegt die untere Grenze meines Erachtens bei 3,5, wenn der Anspruch „Hauptantrieb" an ein Rigg gestellt wird. Kleinere Segelflächen bringen einen Rumpf, auch wenn er relativ leicht ist, erst ab Windstärke 5 bis 6 (20 kn) in Bewegung, so daß der eigentliche Spaß am Segeln bei leichten Winden entfällt.

Das heißt, daß gerade der leichte und moderne Motorsegler unter Segeln diesen Vorteil bieten sollte. In den seltenen Fällen harten Wetters bedient man sich beider Antriebe, sofern die Segel bei Kursen am Wind nicht die ausreichende Höhe bringen sollten (s. Kapitel „Vorteile kombinierten Fahrens"). Wer schon öfter am Sonntagabend versucht hat, gegen Wind und Wetter rechtzeitig in den Hafen zu kommen, weiß, wie schnell es auf direktem Weg unter Motor geht, statt die letzten 10 Meilen mit kleiner Segelfläche gegenan zu kreuzen.

Relative Segelfläche = 3,5: Untere Grenze der Besegelung, wenn der Anspruch auf vollwertigen Antrieb unter Segeln gestellt wird.
Relative Besegelung = 2,5: Ein Rigg, das man nur noch als Stützbesegelung bezeichnen kann. Das Boot fährt auch bei viel Wind nicht nach Luv.

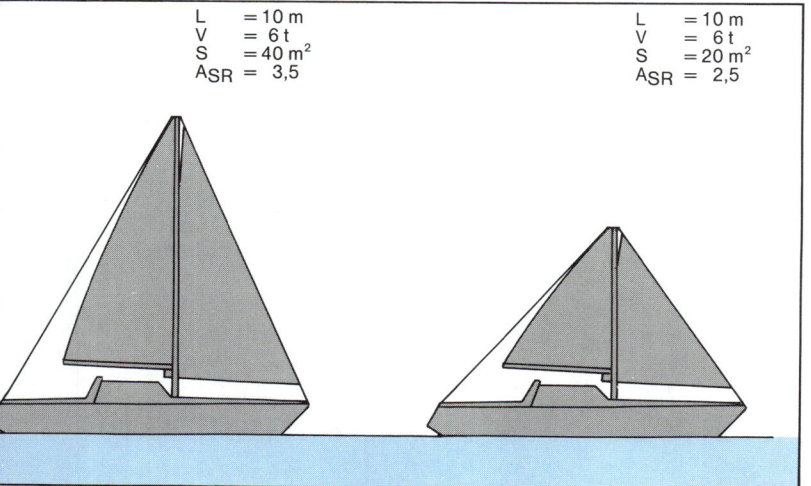

L	= 10 m		L	= 10 m
V	= 6 t		V	= 6 t
S	= 40 m^2		S	= 20 m^2
A$_{SR}$	= 3,5		A$_{SR}$	= 2,5

Bedienbarkeit des Riggs

Die Bedienbarkeit des Riggs hängt von der

- Art der Takelung, dem
- Reffen der Segel
- Reffsystem, der
- Trimmbarkeit und der
- Bedienbarkeit, dem Trimm und der Ausrüstung ab.

Art der Takelung – Grundsatz für die Wahl der Takelung des Motorseglers sollte sein, daß zwei Personen in der Lage sind, das Rigg zu handhaben. Daraus leitet sich die Entscheidung ab, ob man einen Ein- oder Zweimaster fahren will.
Auch mit gut funktionierenden Rollreffanlagen liegt die Grenze der Bedienbarkeit für die Slup (und 2 Personen) bei etwa 60 bis 70 m² (Großsegel und Vorsegeldreieck, s. Anhang).

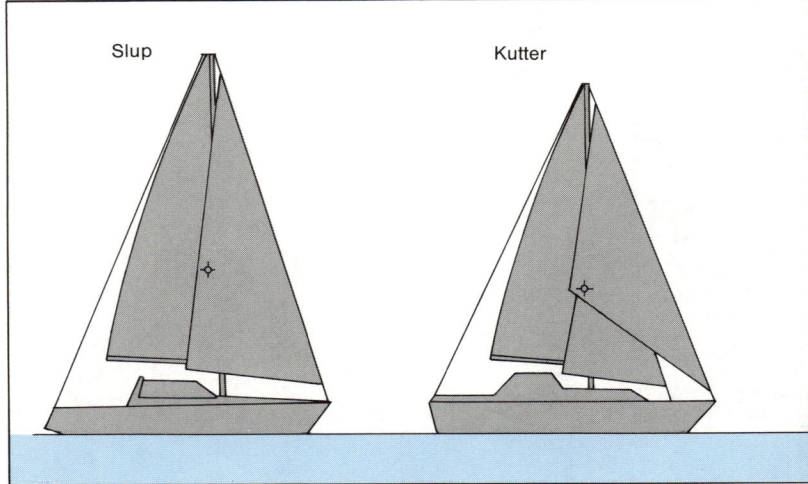

Auf die Bootslänge übertragen, bedeutet das für Motorsegler um 12 m. Ist der Großmast mit zwei Vorsegeln ausgerüstet, spricht man von Kuttertakelung. Der Kutter geht nicht so hoch an den Wind wie die Slup mit einem Vorsegel, hat aber nach Ansicht vieler Eigner den Vorteil der unterteilten Segelfläche, was einfache Bedienbarkeit bedeuten kann.
Ebenfalls weniger hoch an den Wind gehen Ketsch und Schoner, bieten aber auch den Vorteil der unterteilten Segelfläche. Außerdem ermöglichen sie auf allen Kursen, außer hoch am Wind, unterschiedliche, leicht zu bedienende Segelvarianten mit großer Fläche zu fahren.

Die vier heute vorwiegend üblichen Takelungsarten. Bis ca. 12 m findet man fast nur die Sluptakelung. Der Kutter (Slup mit 2 Vorsegeln) ist relativ selten. Ab 12 m ist die Ketsch-Takelung (auch Kutter-Ketsch mit zwei Vorsegeln) sehr häufig. Der Schoner (Großmast achtern) ist erst ab 16 m aufwärts zu finden. Eingezeichnet sind die Gesamtschwerpunkte der Segel. Sie sehen, daß der Zweimaster insgesamt einen sehr viel tiefer liegenden Segelschwerpunkt hat. Dadurch verkürzt sich der Hebelarm stark und das krängende Moment wird kleiner.

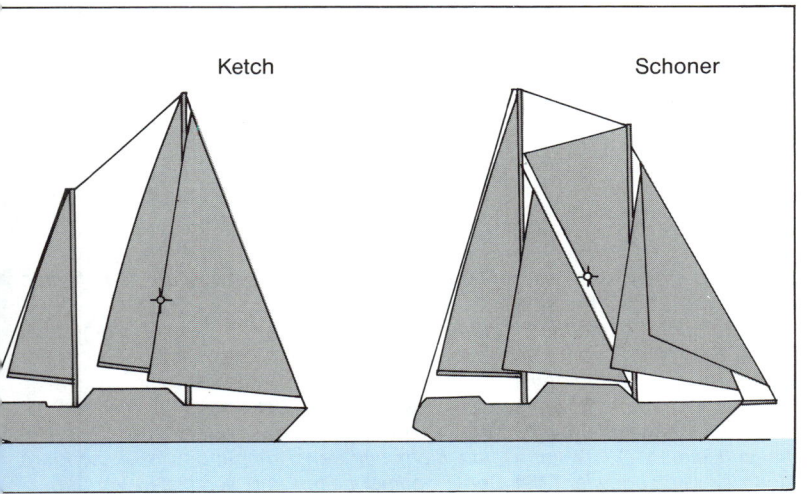

Ketch   Schoner

Reffen der Segel

Die Mehrzahl aller Motorsegler ist heute mit Rollreffsystemen ausgerüstet. Das bedeutet, daß die eigentliche „Arbeit" beim Segeln, der Segelwechsel, gar nicht stattfindet. Das ist ein großes Plus in Richtung Sicherheit (keine Arbeit an Deck) und ermöglicht ein unkompliziertes Fahren mit kleiner Crew. Dazu kommt der Vorteil, daß man gerade in dem Windbereich, in dem man die meiste Zeit segelt (bis 5 Windstärken, entsprechend 20 kn), optimale Segel hat.

Während man bei Segelbooten mit Vorstag die Leichtwetter-Genua schon bei 3, spätestens aber bei 4 durch die Genua 3 oder Fock 1 ersetzt und bei 5 mit dem Groß anfangen muß, läßt sich mit der Rollreffanlage bis satt 7 fast stufenlos und ohne Decksarbeit fahren.

Der Nachteil, bei zunehmendem Wind weniger Höhe zu laufen, wird durch die Vorteile aufgehoben. Es gibt keine Pausen durch Segelwechsel. Das Gleichgewicht der Segel ist nahezu immer ideal eingestellt und das Boot läuft somit sehr ausgeglichen und beständig auf dem Ruder. Sollte es bei Wind über 7 wirklich einmal eng werden (Legerwall), so liegt das nicht an der mäßiger gefahrenen Höhe unter stark gerefftem Segel, sondern an einem Navigationsfehler. Man hat dann aber mit dem Motorsegler den Vorteil, daß man die stärkere Maschine dazunehmen kann, um das Schiff von Legerwall freizufahren.

Der Krängungswinkel gilt bei Kursen am Wind als das Maß zum Reffen (gerefft wird natürlich vorher).
15 bis 20° sind optimal. Geht die Krängung aber über 25° hinaus, steigt nicht nur der Rumpfwiderstand, es verschlechtern sich auch das Gleichgewicht der Segel und die Rudereigenschaften. Es gilt dann, die Segelfläche zu verkleinern. Yachten ohne Rollreffsystem müssen die Segel wechseln. Viel leichter hat es die Crew auf einer Yacht mit Rollreffsystem, das stufenlos die Segelfläche verkleinert. Damit kann man nicht nur den Krängungswinkel, sondern auch das Gleichgewicht der Segel optimal halten und somit den Vortrieb.

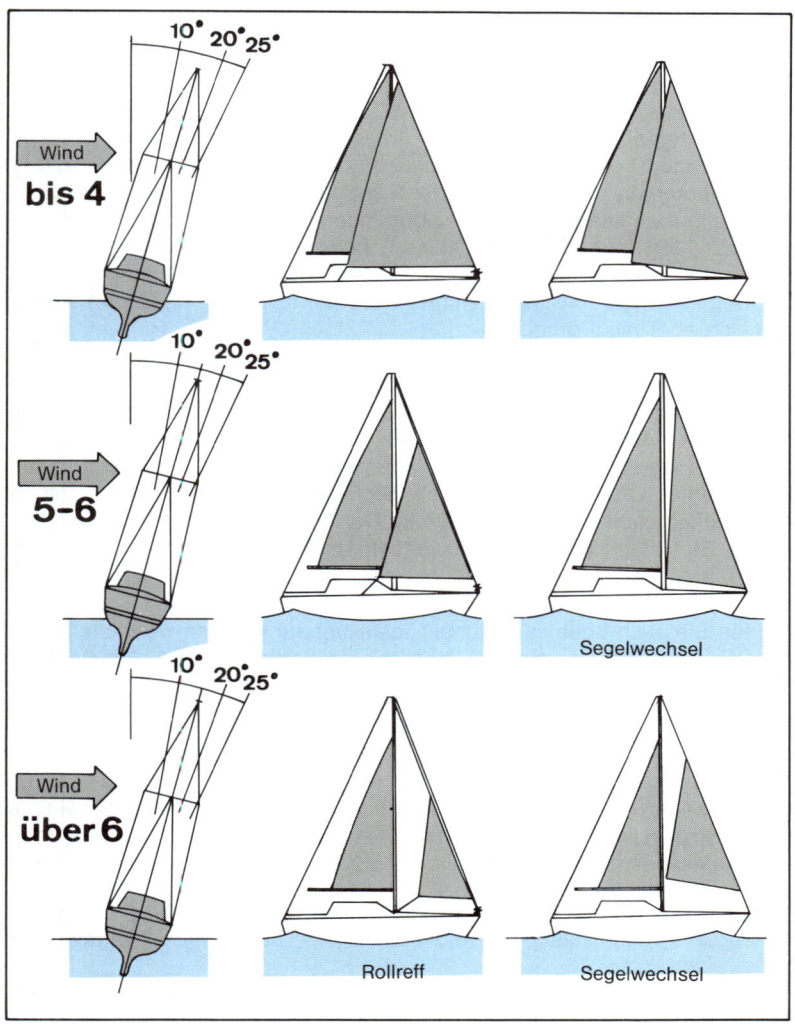

Wind

bis 4

Wind

5-6

Segelwechsel

Wind

über 6

Rollreff

Segelwechsel

Reffsysteme

Prinzipiell unterscheidet man heute zwei Reffarten:
Bindereffsysteme
Rollreffsysteme
● Die Bindereffsysteme sind nichts anderes als die Weiterentwicklung des althergebrachten Reffens. Das Boot fährt in den Wind, das Segel wird um eine Reffreihe gefiert, das Tuch eingebunden und das Segel wieder durchgesetzt. Man hat durch Reffleinen und Umlenkrollen verschiedene Systeme entwickelt, die sich zum Teil vom Cockpit aus bedienen lassen. Der Segelwechsel zwischen Leichtwetter-, Normalsegeln und Sturmsegeln läßt sich aber nicht umgehen.
Vorteil: Man hat nach dem Segelwechsel jeweils ein sauberes Segelprofil, das, richtig eingestellt, optimalen Weg nach Luv bringt.
● Die Rollreffsysteme erlauben ein stufenloses Reffen und sind zumindest für den Motorsegler die optimale Lösung. Wichtig ist, daß man vor dem Kauf genau prüft, ob das System nur ohne Wind super arbeitet, später, unter Last, aber die Segel wie Faltenröcke aussehen und ab 5 Windstärken nicht mehr richtig ziehen. Der Markt ist voll von Fehlkonstruktionen. Es hilft immer nur, probezusegeln und die Tests der Fachzeitschriften zu lesen. Rollreffs für Großsegel, mit denen das Segel um den Baum gewickelt wird, sollte man auch für Motorsegler nicht kaufen.
Meiden Sie auch überdimensionale Teleskopbäume, auch wenn die Handhabung, von Profis vorgeführt, noch so großartig aussieht. Ein falscher Handgriff und sie brechen wie die Streichhölzer.

Für den Motorsegler sind Rollreffanlagen ideal, da sie bei wechselnden Win- ▶
den die Arbeit an Deck auf ein Mindestmaß reduzieren. Großsegelreffer rollen in den Mast oder um ein Rohr dicht hinter dem Mast bzw. in den Baum (nicht um den Baum!).
Achten Sie besonders beim Probesegeln auf Falten im halb bis 2/3 eingerollten Segel (5 Windstärken = 20 kn Wind). Prüfen Sie, ob Ihnen die gesegelte Höhe reicht!
Die Bedienung ist einfach: Schot fieren und Reffleine dichtholen (untere Skizze) und das Segel rollt sich auf.

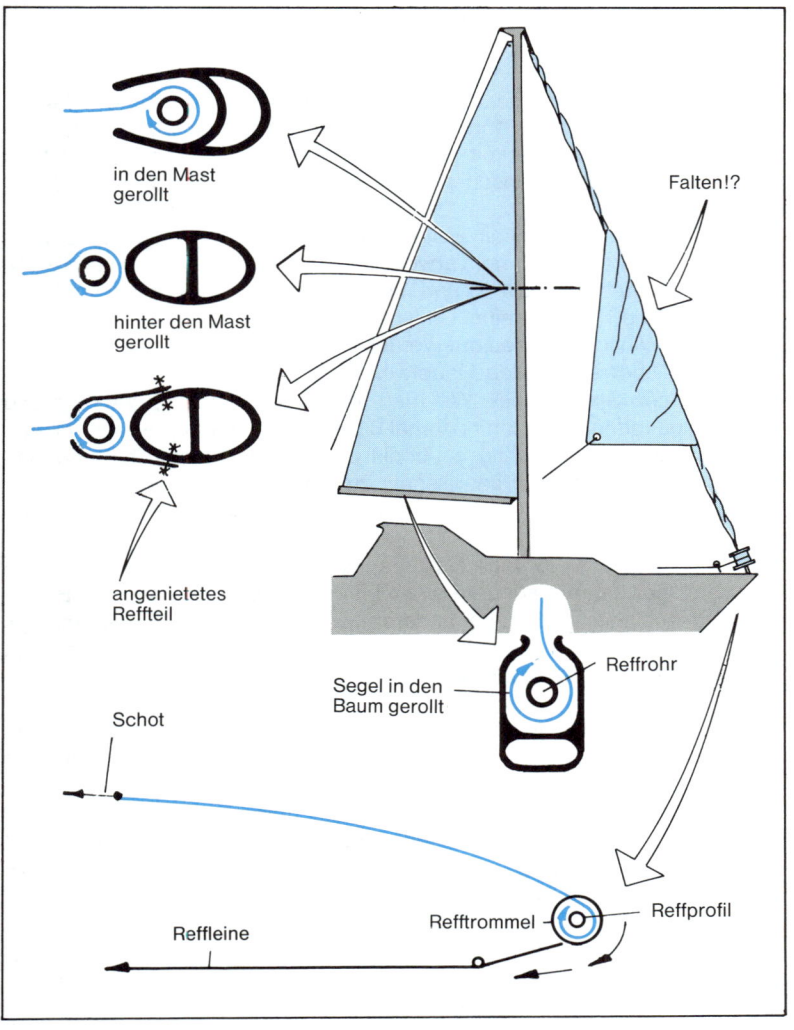

in den Mast
gerollt

hinter den Mast
gerollt

angenietetes
Reffteil

Falten!?

Segel in den
Baum gerollt

Reffrohr

Schot

Reffleine

Refftrommel

Reffprofil

Bedienbarkeit, Trimm und Ausrüstung

Wie einfach ein Rigg zu bedienen ist, hängt nicht nur von seiner relativen Größe, seiner Art und der Konstruktion ab. Entscheidend ist, welche Anforderungen an die Trimmbarkeit gestellt werden und wie gut die Ausrüstung – die Beschläge, die Winschen usw. – auf die Größe der Segel abgestimmt ist.

Gehen wir davon aus, daß ein Motorsegler Topptakelung mit festen Stagen fährt. Ohne Rollreffanlage bei Verwendung des Spinnakers und von Reservefallen bedeutet das etwa 10 und mehr Strippen, die, wenn sie ins Cockpit geführt sind, je über eine Umlenkrolle zum Stopper laufen und von irgendeiner Winsch aus bedient werden müssen. Die Schoten des Vorsegels laufen über die beiden Hauptwinschen und zwei weitere Winschen stehen für den Spi an Deck. Will man auch noch die Segel trimmen und vom Cockpit reffen, kommen nochmal 6 bis 10 Strecker und Spanner dazu. Das alles zusammen richtig zu bedienen, erfordert viel Erfahrung und Geschick. Es macht auch das Segeln zu einer relativ unruhigen Sache.

Für einen Motorsegler sollte man in dieser Hinsicht sehr zur Vereinfachung neigen.

Wenn man sich nicht für eine Rollreffanlage entscheidet, dann sollte man zwei Vorstagen fahren, auf dem einen bleibt die Selbstwende- oder Baumfock angeschlagen, auf dem anderen werden Leicht- und Sturmsegel gesetzt. Auf das Spinnakersegeln kann man verzichten und statt dessen zwei annähernd gleich große Vorsegel für das Segeln vor dem Wind verwenden.

Fährt man ein Rollreffsystem, entfallen diverse Einrichtungen am Großsegel, so daß sich die Strippen von selbst auf ein angemessenes Maß reduzieren.

Die Rollreffanlage führt zu einer weiteren Erscheinung, die sich positiv auf die Bedienbarkeit auswirkt. Man reduziert die Segelfläche seinem Gefühl entsprechend, so daß die auftretenden Kräfte dem subjektiven Maß des Skippers bzw. der Crew entsprechen.

Auch für Rollreffanlagen gibt es Doppelsegel, so daß das Spi-Segeln nicht unbedingt sein muß. Man sollte aber mit der Unterlieklänge der Doppelsegel nicht zu großzügig sein, da sie die Länge der Bäume bestimmt und zu lange Bäume zu Komplikationen führen können.

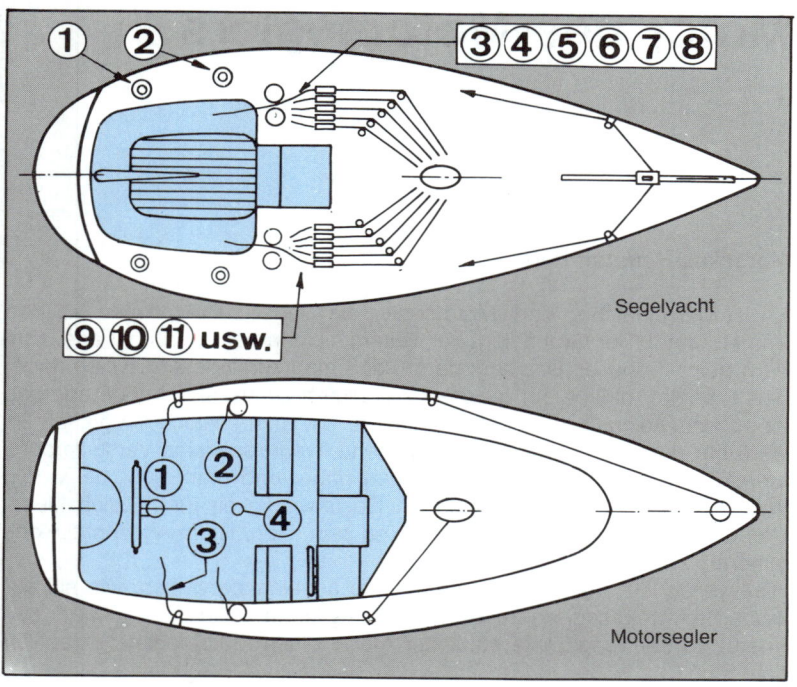

Segelyacht

Motorsegler

Die Bedienbarkeit eines Riggs hängt u. a. von der Menge der Bedienmöglich-keiten ab. Ein gut trimmbarer Cruiser-Racer hat ein bis drei Dutzend Bedien-punkte. Beim Motorsegler kann man sich auf vier bis acht beschränken.

Obere Skizze:
1 = Spi-Schot
2 = Fockschot
3 = Spi-Niederholer
4 = Toppnant
5 = Fockfall
6 = Dirk
7 = Spi-Fall
8 = Baumniederholer

9 = Großfall
10 = Reffleinen
11 = Strecker

Untere Skizze:
1 = Reffleine Vorsegel
2 = Fockschot
3 = Reffleine Großsegel
4 = Großschot
Bei Rollreffanlagen werden die Fallen nur einmal im Früh-jahr zum Segelsetzen benö-tigt.

77

Motor des Motorseglers

Motor als Hauptantrieb

Es ist viel einfacher, dem Motorsegler die Segel zu verpassen als den Antrieb Motor. Der Grund liegt bei weitem nicht in der Leistungsfrage, sondern beim Propeller. Das liegt daran, daß man zumindest teilweise daran denkt, beide Antriebe zur gleichen Zeit laufen zu lassen. Und gerade das ist es, was keinesfalls so gut funktioniert, wie man schlechthin glaubt. Es wäre nur dann einigermaßen befriedigend, wenn es kleine Verstellpropeller-Anlagen mit hohen Wirkungsgraden gäbe, und man z. B. bei wenig Wind einen erheblichen Gewinn an Geschwindigkeit für nützlich hielte. Das dies aber nur in engen Grenzen so sein kann, ist im Abschnitt „Kombiniertes Fahren" zu lesen.

Hier wollen wir uns mit der Motoranlage auseinandersetzen, wie sie auf modernen Motorseglern aussieht oder aussehen sollte.

Zuerst zu der Frage, wie stark der Motor eines Motorseglers eigentlich sein muß.

Was hier über Motorisierung gesagt wird, bezieht sich auf Propeller mit einem Wirkungsgrad um 50%. Fährt man einen Drehflügel-, Klapp- oder Faltpropeller oder einen schlecht dimensionierten Zweiflügler, muß man die Leistung entsprechend aufstocken (siehe Kapitel „Propeller").

Wichtig: Überprüfen Sie auf alle Fälle, ob der Motor mit entsprechender Querschiffsneigung (20 bis 25°) im Dauerbetrieb laufen kann, sonst ist er für kombinierten Betrieb ungeeignet.

Komfort durch richtige Motorisierung

Im Kapitel „Rumpf" sind die Geschwindigkeitsgrenzen der verschiedenen Motorseglerrümpfe beschrieben. Hier wird diesen unterschiedlichen Rümpfen eine entsprechende Leistung zugeordnet.
Als Daumenpeilung für gleichwertigen Antrieb kann man gegenüberstellen

10 m² Segel entsprechen 3 kW Nennleistung

Als vernünftige Grenzen für die Motorisierung von Motorseglern mit Verdrängerrümpfen kann man 8 kW/t nach oben und 3 kW/t* nach unten betrachten. Unter 3 t sollte man 5 kW als Basisleistung und 3 kW je Tonne als Mindestleistung installieren.

Vorteile eines größeren Motors mit „gedrosselter" Leistung und größerem Propeller		
Blickpunkt	**Vorteil**	**Nachteil**
Preis	–	höher
Gewicht	–	größer
Geschwindigkeit	–	geringer
Leistungsaufnahme (Teilbereich)	größer	–
Verbrauch	geringer	–
Reichweite	größer	–
Schallpegel	niedriger	–
Verschleiß	geringer	–
Manövrierfähigkeit	besser	–
Beschleunigung	größer	–

Hier können Sie auf einen Blick sehr gut die Vor- und Nachteile eines größeren, aber gedrosselten Motors sehen. Für Motorsegler überwiegen die Vorteile.

*Entspricht der vom GL genannten Mindestmotorisierung für Motorsegler.

Zur Orientierung: Die Durchschnittsmotorisierung von Motorseglern liegt bei 5 bis 6 kW/t, auf Segelbooten bei 3,6 kW/t.*
Bei der Leistungwahl sollte man aber nicht nur an die Geschwindigkeit denken. Es gibt einen meines Erachtens genauso bedeutsamen anderen Aspekt. Den sollte man zwar bei jeder Bootsgattung beachten, ganz besonders aber beim Motorsegler:
Leistung so wählen, daß die Reisegeschwindigkeit im Bereich des größten Drehmoments liegt, das ist bei einem Bootsmotor um 60% der Nenndrehzahl. Als Zugabe für die „gezähmte Kraft" bekommt man weniger Lärm, größere Lebensdauer, geringere Defektanfälligkeit, einen besseren Propeller-Wirkungsgrad und weniger Verbrauch. Das setzt aber voraus, daß man nicht die viel gepriesene Yacht-Nennleistung auf den Propeller legt, sondern mit vom Hersteller begrenzter Drehzahl einen möglichst großen Propeller mit niedriger Drehzahl fährt, sofern man nicht ohnehin einen Verstellpropeller hat.
Warum das alles so ist, läßt sich nicht ganz leicht erklären. Der Versuch wird mit Hilfe des Kennfeldes rechts unternommen.

Das Kennfeld eines Motors (hier idealisiert) zeigt das Verhalten der Maschine ▶
bei unterschiedlichen Belastungen. Eingezeichnet sind zwei Propeller, die mit
P_1 *und* P_2 *bezeichnet sind.* P_1 *ist in der Größe normal auf Yachtleistung (Nennleistung) ausgelegt. Das heißt, das Boot erreicht bei Vollgas die Nenndrehzahl und eine gewünschte Geschwindigkeit. Wählt man nun den Propeller so, daß er die Vollastlinie in 80% Nenndrehzahl schneidet (X) und geht dann wieder um 20% mit der Drehzahl runter, nimmt* P_2 *mehr Leistung im Teillastbereich auf als* P_1.
Wählt man nun die Motorleistung von vornherein etwas größer und läßt den Motor auf 80% der Nenndrehzahl (Herstellerangaben) blockieren, hat man in Punkt X die gewünschte Leistung und im gesamten Drehzahlbereich weniger Lärm, weniger Verbrauch und mehr Leistungsaufnahme, was gleichbedeutend mit mehr Geschwindigkeit ist.

* Aus einer Analyse der Standard-Motorisierung von 200 Yachten (davon 80 Motorsegler).

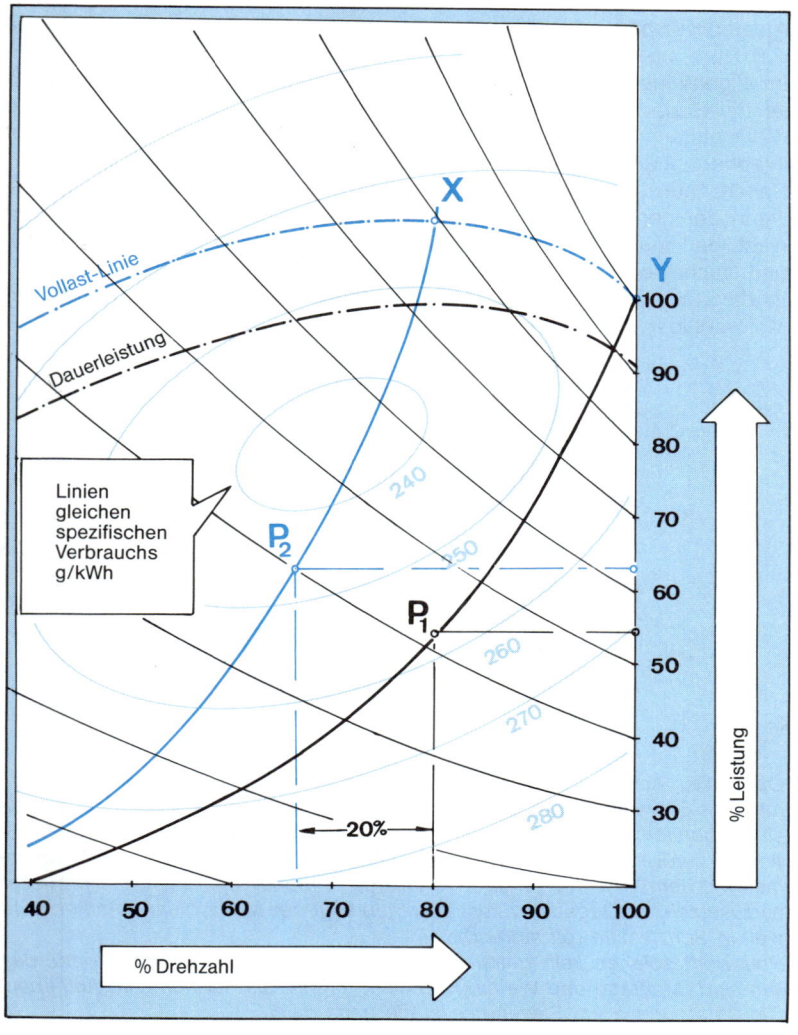

Antriebsformen

Im allgemeinen steht die Art der Kraftübertragung vom Motor zum Propeller bei Serienschiffen fest. Da die Position des Motors nicht nur in die Gewichtsrechnung eingeht, sondern der Motorraum in das Gesamtkonzept integriert ist und der Abstand Propeller/Ruder in Bezug auf Schwingungen, Seitenschub usw. festliegt, wäre es mit sehr viel Umbauten verbunden, wenn der geplante Antrieb geändert werden müßte. Das bedeutet aber nicht, daß man bei der Beurteilung einer Yacht nicht die wichtigsten Vor- und Nachteile der verschiedenen Antriebsarten kennen sollte.
In den folgenden Skizzen ist das Wichtigste über die Tauglichkeit der Motoranlage für Motorsegler gesagt.

Oben: Der Antrieb in Linie (L-Antrieb) ist die herkömmliche Wellendurchführung mit Stevenrohr und Stopfbuchse. Er wird auch auf Motorseglern im Leistungsbereich bis 50 kW in zunehmendem Maß von dem kompakten S-Antrieb verdrängt. Über 50 kW ist der L-Trieb immer noch dominierend, zusammen mit dem V-Antrieb (unten) die einzige Antriebsform, um Verstellpropeller einzusetzen. Im Gegensatz zum V-Antrieb liegt der Motor beim L-Antrieb sehr weit in Schiffsmitte (oft störend).
Preiswert, solange kein getrenntes Drucklager und Kardangelenke erforderlich sind. Montage und Wartungsaufwand größer als bei Kompakt-Antrieben. Die Stopfbuchse am Stevenrohr ist nie ganz dicht.

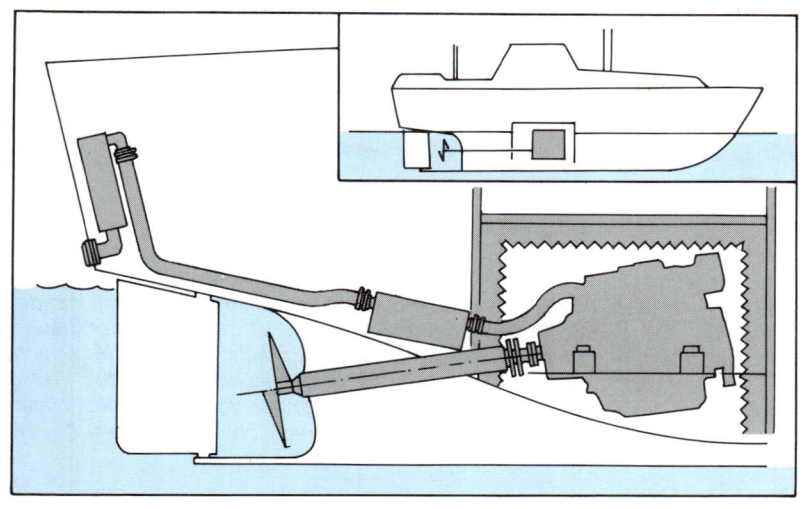

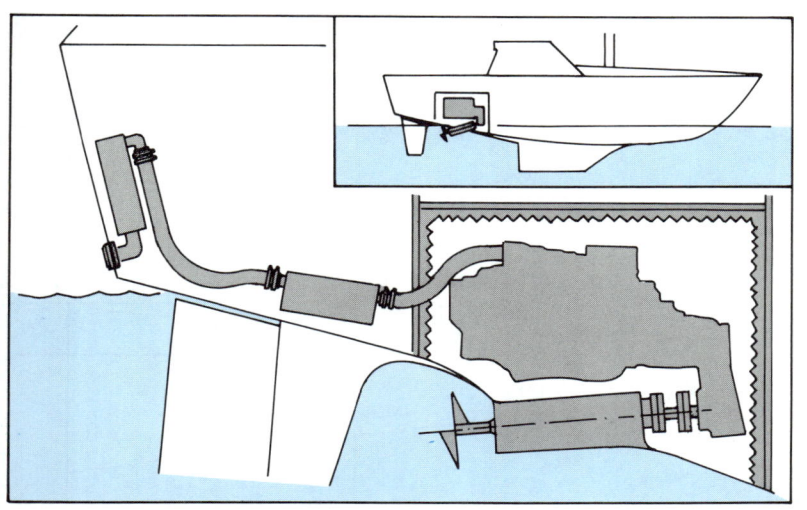

Rechts: Der Hydraulik- oder H-Antrieb wäre für den Motorsegler und einige ▶
andere Bootskategorien ideal, da man auf Verstellpropeller fahren könnte und
mit der Hydraulik den Ruderpropeller (Bugstrahlruder), Winschen und andere
Aggregate betreiben könnte. Außerdem kann der Konstrukteur den Motor dort
hinstellen, wo er am günstigsten steht. Leider sind die Anlagen zu teuer und
haben immer noch einen sehr mäßigen Wirkungsgrad.

Rechts unten: Der Saildrive oder Segler-Antrieb, wie der S-Antrieb auch
genannt wird, ist ein von Volvo eingeführtes Kompakt-Motor-System. Motor
und Antrieb sitzen auf einem Fundament und sind „starr" miteinander
geflanscht. Der Schaft führt durch den Rumpf und ist gegenüber der Steven-
rohrbuchse bei L- und V-Antrieb hundertprozentig dicht. Ideal für Segelyach-
ten. Für Motorsegler nur bei Beachtung des Propellerwirkungsgrades. Wenig
Installations- und Wartungsaufwand. Motor kann nach vorne oder nach hinten
gedreht werden, deshalb optimale Plazierung möglich. Nur bis etwa 50 kW.

Unten: Der Z-Antrieb ist ebenfalls ein Kompakt-Antriebssystem. Ein typischer
Motorboot-Antrieb, der ins Heck montiert wird. Hier wird er gezeigt, weil
immer wieder Konstrukteure den Versuch unternehmen, ihn in „gleitende"
Motorsegler einzubauen (siehe MRCB und La Bete Malouine). Der Antrieb ist
aber denkbar ungeeignet für Motorsegler, da er zuviel Gewicht ins Heck
bringt.

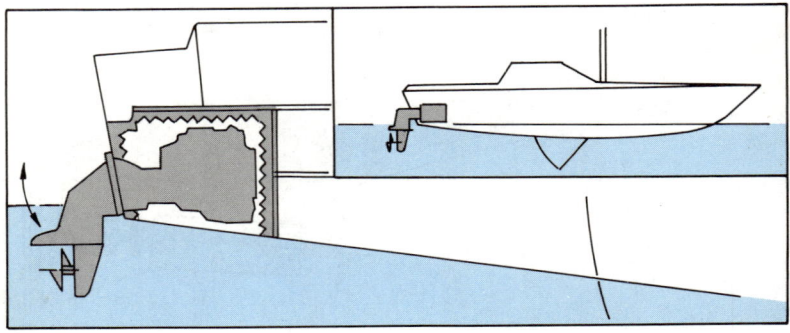

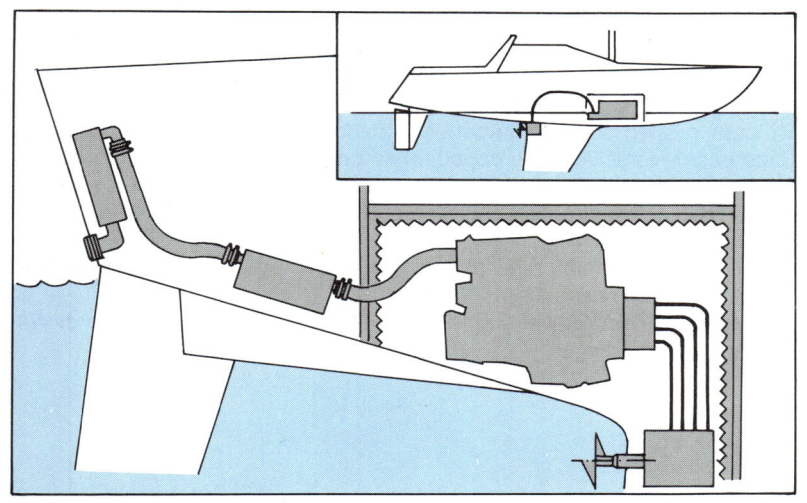

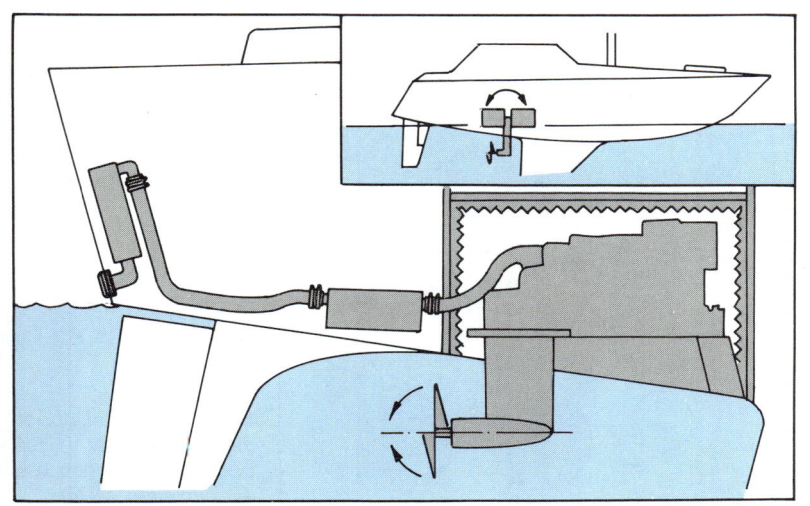

Doppelmotoren-Anlage

Bei Motorseglern gibt es kein Argument für eine Doppelmotoren-Anlage. Im Zeitalter der Dieselmotoren ist der Einwand, die Sicherheit sei bei zwei Motoren größer, sehr entkräftet. Alle anderen Punkte liegen schlechter: Preis höher, Verschleißteile doppelt, Wirkungsgrade der Propeller schlechter. Selbst dann, wenn der eine Motor in der Bauhöhe sehr hoch wird und nicht in das Konzept paßt, kann man auf V- oder liegende Motoren ausweichen.
Vorteil der Doppelmotoren-Anlage: Große Sicherheit, geringe Bauhöhe, gute Manövereigenschaften.
Nachteil: Höhe der Anschaffungs- und Folgekosten sowie schlechterer Wirkungsgrad der Anlage.

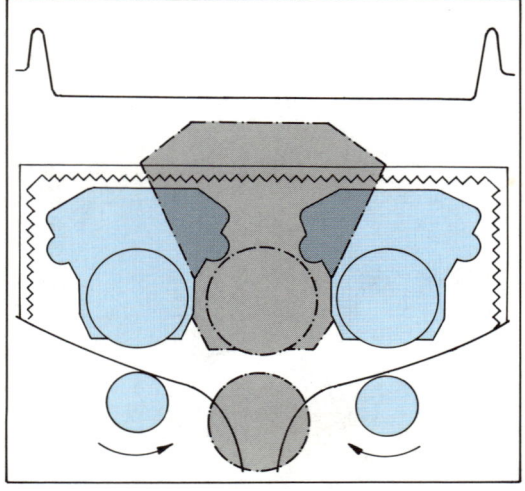

Ein Vorteil der Doppelmotoren-Anlage: Sie baut nicht so hoch wie ein einzelner Motor.

Motoranlage und Wartung

Der Motorsegler erreicht eine höhere Betriebsstundenzahl unter Motor als das Segelboot. Aus diesem Grund muß man der Motoranlage und dem Motorraum wesentlich mehr Aufmerksamkeit beimessen als dem Hilfsantrieb beim Segelboot. Ein wichtiges Unterscheidungsmerkmal und unbedingt zu beachten, wenn das gleiche Boot wahlweise als Segelyacht oder Motorsegler angeboten wird.
Natürlich sollte man sich in dieser Hinsicht auf Konstrukteur und Werft verlassen können, aber gerade in diesem Bereich gibt es viel Negatives. Im Prinzip liegt es nur an der schlechten Kommunikation zwischen Motorhersteller, Konstrukteur und Werft. Das heißt, man muß die wichtigsten Punkte vor dem Kauf gründlich überprüfen, denn der Ärger kommt meist zu einem Zeitpunkt, zu dem die Werft nicht mehr ohne weiteres zu erreichen ist und der von vielen hoch gepriesene Service am Wochenende nur mäßig stattfindet.

Die Lüftung für den Motorraum muß so beschaffen sein, daß der Motor möglichst kalte Luft ansaugt (warme Verbrennungsluft = Leistungsabfall) und der Motorraum nicht zu warm wird. Lufteintritt bei Dieselmotoren an der Unterseite. Abluft oben. Bei Turboladern beachten: Luftfilter liegt ganz hinten!

Folgende Schwerpunkte sind zu beachten:
● Der Motorraum muß geräumig sein, so daß alle Wartungspunkte leicht zugänglich sind. Das gilt auch für die Höhe über dem Ventildeckel, um das Ventilspiel zu kontrollieren, und für die Seewasserpumpe, deren Deckelschrauben oft nur mit sehr viel Mühe zu öffnen sind.
● Die Vorfilter und alle Aggregate müssen dem Verwendungszweck (Dauerbetrieb) angepaßt sein.
● Die Motorraumlüftung muß funktionieren und der Leistung entsprechen.
● Die Motorraum-Isolierung schluckt viel Platz und kostet Geld. Sie wird stark vernachlässigt. Es wird zu dünnes und billiges Material gewählt. Der Schallpegel des Motorseglers muß möglichst niedrig liegen und darf nicht stören.

Die allgemeinen Wartungspunkte des Motors. Suchen Sie sie und versuchen ▶
Sie, sie mit der Hand zu erreichen. Im Ernstfall muß das mit dem Schrauben-
schlüssel funktionieren.
Nochmal darauf hinzuweisen ist, daß über dem Ventildeckel genügend Platz
zum Einstellen der Ventile sein muß!

▼ *So schön auch alles sein mag, der Arm, der mit dem Schraubenschlüssel*
irgendwohin will, ist nur 80 cm lang — ein Maß, das man beim Kauf und der
Beurteilung einer Yacht mit Motor, besonders eines Motorseglers, beachten
muß. Ab 80 cm Motorraumtiefe muß genug Platz für den Oberkörper oder ein
anderer Zugang vorhanden sein.

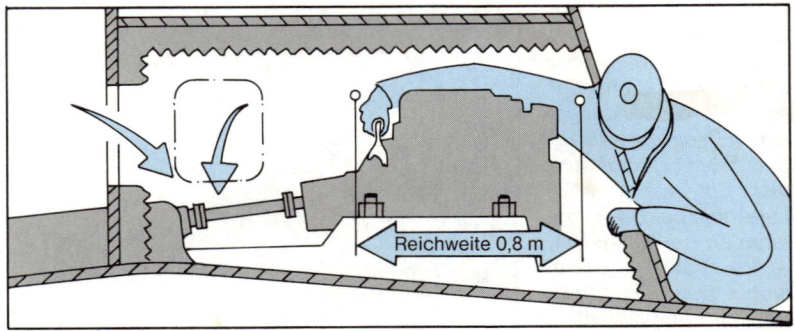
Reichweite 0,8 m

● Wenn eine Wellendurchführung mit Stopfbuchse vorhanden ist, müssen die Schmierung und die Stopfbuchsen-Brille leicht zugänglich sein.

● Spielen Sie anhand der Betriebsanleitung Ihres Motors alle Wartungsarbeiten durch. Simulieren Sie einen Ölwechsel. Das muß alles ohne viel Verrenkung möglich sein. Immerhin muß das Öl alle 50 bis 100 Betriebsstunden gewechselt werden.

Ein wichtiger Punkt ist bei der Motorwahl für einen Motorsegler die Überprüfung der Wartungsintervalle. Es gibt Motoren, bei denen der Ölwechsel nach 50, 100 oder 200 Stunden vorgeschrieben ist. Das bedeutet aber bei einem 50-Stunden-Intervall und 200 Motorstunden je Saison zweimal Filter- und viermal Ölwechsel.

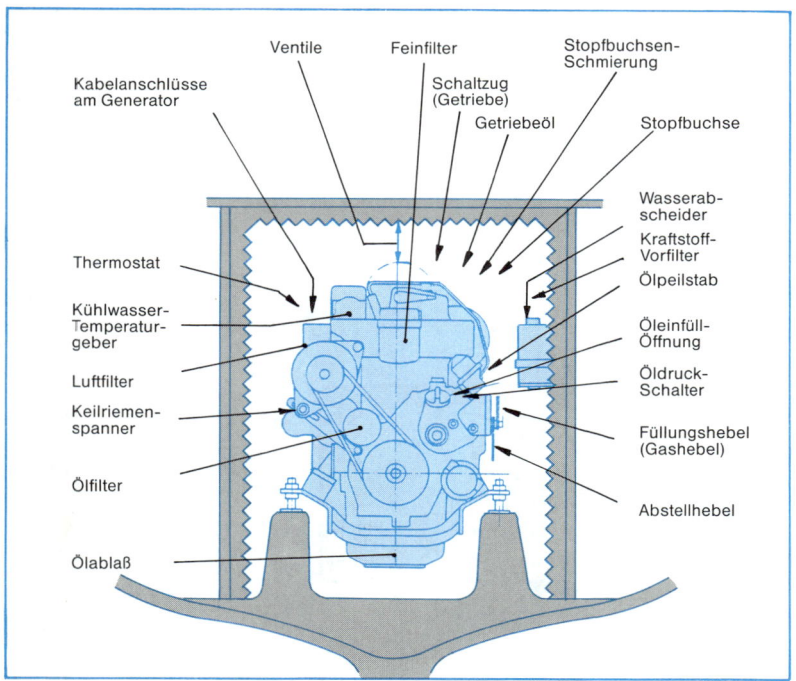

Motorüberwachung

Die Standard-Motorüberwachung für Öldruck, Ladekontrolle und Kühlwasser-Temperatur reicht für einen Motorsegler nicht aus. Man muß auf jeden Fall die Anlage mit Tankanzeige und Drehzahlmesser erweitern.
Der Drehzahlmesser ist ein äußerst wichtiges Anzeigeinstrument, von dem man nicht nur einfach die Drehzahl abliest, sondern tiefgreifende Erkenntnisse über den inneren Zustand des Motors und die Funktionstüchtigkeit des Propellers erhalten kann. Das ersieht man zwar nicht nur aus der Drehzahl, sondern im Zusammenwirken von Drehzahlmesser und Log.
Außerdem ist der Drehzahlmesser ein sehr guter Maßstab für die Beurteilung des Kraftstoffverbrauchs bzw. die wirtschaftliche Fahrstufe.
Es ist zwar bei Motorseglern nicht notwendig beide Fahrstände mit den Motorüberwachungsinstrumenten auszurüsten, sondern man geht mit den

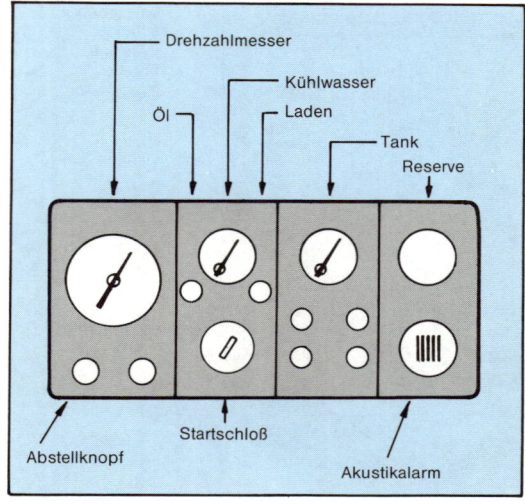

Vernünftiger Überwachungsumfang für den Motor eines Motorseglers. Drehzahlmesser, Tankanzeige und Akustikalarm gehören keineswegs schon zum Standardumfang der Überwachungsanlage, so daß man sie extra kaufen muß.

Überwachungsinstrumenten an den eingedeckten Fahrstand und verlegt bestenfalls ein zweites Startschloß, einen Abstellknopf und Gashebel ins Cockpit (siehe dazu „Steuerstand").

Wichtig ist natürlich dann, daß die Motorüberwachungsanlage mit einem Akustikalarm ausgerüstet ist, so daß man am zweiten Steuerstand aufmerksam gemacht wird, wenn eine Motorfunktion ausfällt.

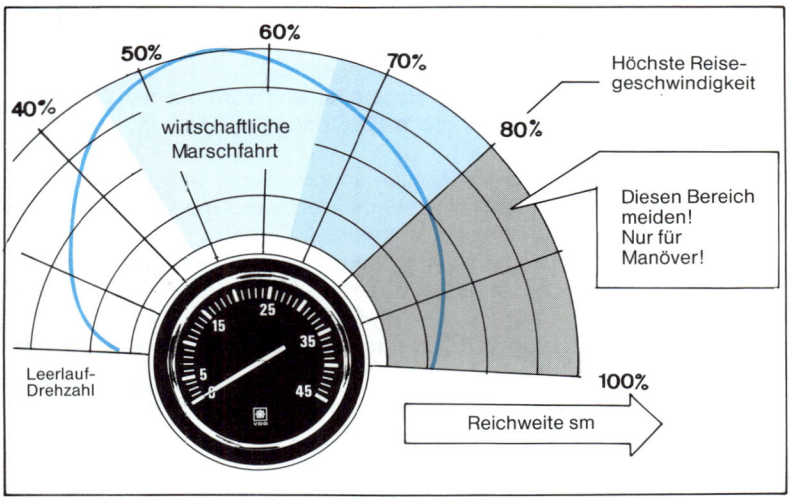

Die Bedeutung des Drehzahlmessers kann gar nicht hoch genug eingestuft werden. Nach einer Testfahrt kann man sehr genau die Fahrbereiche für wirtschaftliche Marschfahrt, höchste Marschfahrt und unwirtschaftliche Bereiche herausfinden. Für Motorsegler sollte (das ergibt sich aus der Abstimmung Boot – Motor – Propeller) wirtschaftliche Marschfahrt bei 50 bis 60% der Nenndrehzahl liegen. Spätestens mit 80% der Nenndrehzahl sollte man Rumpfgeschwindigkeit erreichen. Am besten man trägt die Verbrauchswerte, bezogen auf den Tankinhalt, in ein Polardiagramm analog zum Drehzahlmesser ein. Damit findet man heraus, in welchem Bereich man wirtschaftlich fährt und wie groß die Reichweite ist (siehe Reichweite-Anhang).

Tankgröße

Die Tankgröße ist ein Maß, das vor allem vom Fahrgebiet und der Einsatzzeit abhängt. Natürlich ist niemand daran interessiert, hunderte von Litern Kraftstoff den ganzen Sommer spazieren zu fahren. Nehmen wir einen 10-m-Motorsegler mit einem 30-kW-Motor als Beispiel (rechts in Grafik eingezeichnet). Der Motor verbraucht bei wirtschaftlicher Fahrt (der Propeller nimmt etwa 6 kW auf) ca. 2 l/h. Das Boot läuft 4 kn, d. h. es legt 2 Meilen je Liter Dieselöl zurück. 100 l Tankinhalt + 20 l Reserve würde bedeuten, daß man ohne zu tanken, bei knapp 60% der Nenndrehzahl 200 sm (50 Stunden) zurücklegen könnte. Das wäre (ruhiges Wetter vorausgesetzt) etwa Fehmarn bis Kopenhagen und zurück.

Bei 80% der Drehzahl läuft das Boot 6 kn und verbraucht 4 l/h (Motor nimmt ca. 16 kW auf). Man könnte in 25 Stunden mit 6 kn 150 sm fahren, bis der Tank leer wäre.

Für unsere Reviere ist das sicher eine angemessene Tankgröße.

Als Daumenpeilung: Der Tank ist gut bemessen, wenn man 48 Stunden bei wirtschaftlicher Marschfahrt nicht tanken muß.

Es gibt natürlich Reviere, wo ein größerer Tank zu empfehlen ist, z. B. wenn man jedesmal bei Verlassen des Hafens 3 Stunden motoren muß, bis man segeln kann usw.

Umgerechnet auf normale Verhältnisse Rumpf/Motor/Propeller kann man sagen:

Nennleistung (kW) × 4 ergibt (in Litern) für Motorsegler einen gut bemessenen Tank.

Wenn Sie Ihren eigenen Tank aus dieser Sicht überprüfen wollen, können Sie sich der Grafik rechts bedienen.

Das Diagramm zeigt (oben) die in Motorunterlagen und Prospekten meist aufgeführte Vollastkurve (schwarz) und dazu die Propeller-Leistungsaufnahme (blau). In der unteren Grafik ist der spezifische Verbrauch bezogen auf den Propeller* dargestellt. Die einzelnen Kurven zeigen den Indirekt- und Direkt-Einspritzer mit und ohne Turbolader.

Wenn Sie den Verbrauch Ihres Motors bestimmen wollen, gehen Sie wie folgt vor:

Die weißen Spitzmarken am rechten und am unteren Rand sind für Ihre Leistung und Drehzahl gedacht. Wir haben die Werte eines 30-kW-Motors als Beispiel davorgesetzt.
Jetzt können Sie der jeweils eingetragenen Leistung die Drehzahl zuordnen und die in dem Punkt aufgenommene Leistung mit dem entsprechenden spezifischen Verbrauch multiplizieren und erhalten so den Verbrauch in Litern pro Stunde (l/h).

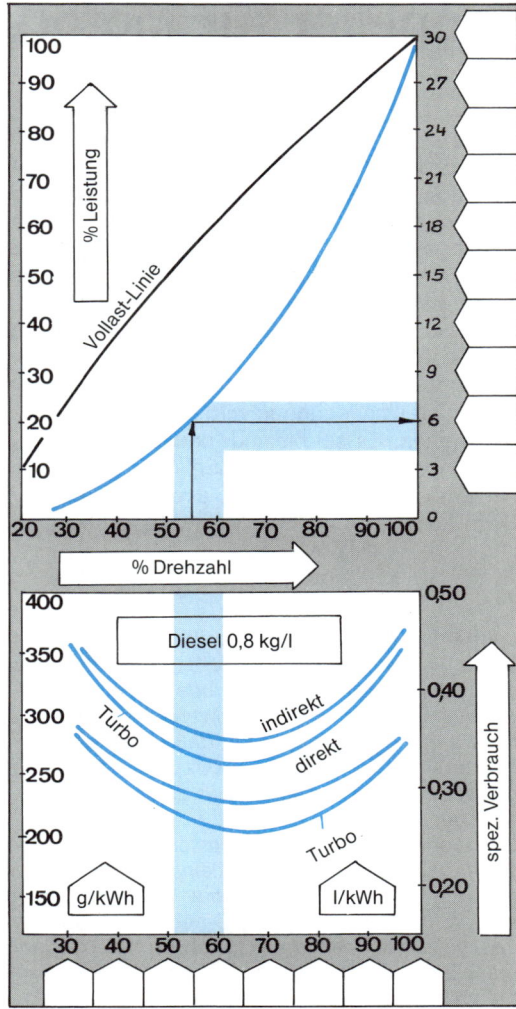

* In den Motorprospekten ist der spezifische Verbrauch auf Vollast bezogen (und damit günstiger), hier auf den Propeller bezogen und deshalb höher.

Propeller für Motorsegler

Es besteht kein Zweifel darüber, daß ein Motorsegler Verstellpropeller haben sollte. Um von vornherein Irrtümern vorzubeugen: ich meine Verstellpropeller (verstellbare Steigung) und nicht Falt-, Klapp-, Drehflügel- oder sonstige Propeller, die auf Segelstellung zu bringen sind.

Die Frage ist – lohnt sich der Mehraufwand oder kann man sich mit einem gut abgestimmten Klapp- oder Segelpropeller begnügen?

Eine Verstellpropeller-Anlage kostet ca. das Drei- bis Vierfache eines Normalpropellers mit Wellenanlage. Es gilt deshalb zu untersuchen, wann und unter welchen Bedingungen die Vorteile des Verstellpropellers den Mehrpreis aufwiegen.

Dazu muß man sich natürlich ein Bild aller Möglichkeiten schaffen. Bei den folgenden Überlegungen wird keine Rücksicht auf die Einbauunterschiede genommen. Es sei hier nur pauschal gesagt:

Der Einbau von Wellenanlagen in Linie oder mit V-Trieb ist aufwendiger als der Einbau des kompakten, direkt an den Motor geflanschten Saildrives. Dazu kommt die größere Defekt- und Leckage-Anfälligkeit des herkömm-

Leistungsaufnahme von Propellern unterschiedlicher Größe mit nicht steuerbaren Flügeln. Motorenhersteller legen die Einsatzart des Motors entsprechend fest. Die Yachtleistung oder auch „leichter Betrieb" (L) ist die höchste Leistungsstufe (M = mittelschwerer Betrieb, S = schwerer Betrieb). Die Werften wählen den Propeller so, daß er die Vollastlinie im Bereich der höchsten Yachtleistung (L) schneidet. Das ist für Motorsegler keine gute Lösung, wie der Vergleich im Teillastbereich zeigt. Das eingezeichnete Beispiel bei 50% Drehzahl:

Der Propeller (L) mit der höchsten Leistung nimmt nur 12% auf, M 22% und der größte Propeller (mit der kleinsten Endleistung) 35%. Daraus ergeben sich natürlich für das Fahrverhalten wesentliche Gesichtspunkte, die Kraftstoff-Verbrauch, Manövrierfähigkeit, Geräuschentwicklung und vieles mehr einschließen, vor allem unter dem Gesichtspunkt, daß man mit Verdrängerrümpfen so gut wie nur im Notfall über 80% der Nenndrehzahl fährt. Näheres dazu finden Sie im Kapitel „Motor".

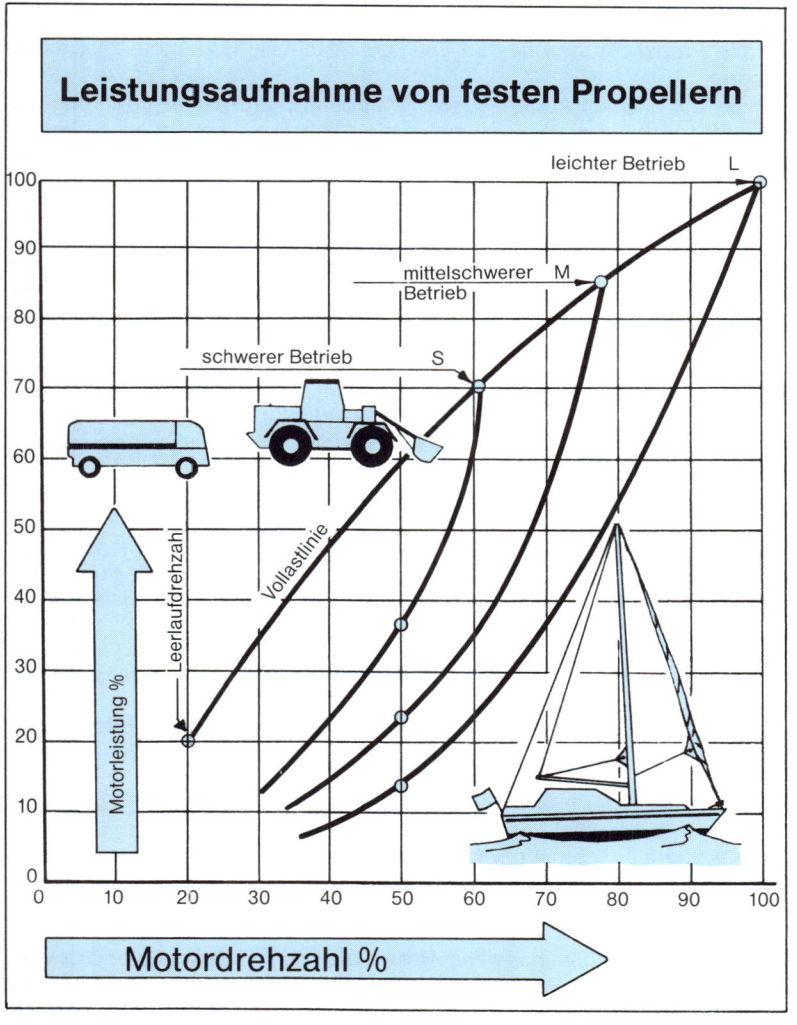

Leistungsaufnahme von festen Propellern

lichen Stevenrohrs und der dazugehörigen Lager. Im Folgenden wird nur auf die Propellerarten und ihre Vor- bzw. Nachteile für Motorsegler eingegangen.

Führen Sie sich vor Augen, wieviel Theorie und praktische Erfahrung notwendig war, bis Sie von sich behaupten konnten, verstanden zu haben, wie der Segelantrieb funktioniert, und daß Sie in der Lage waren, ihn zu beherrschen. Segel zu beherrschen, das heißt, sie auf allen Kursen und bei allen Windstärken richtig und sicher zu fahren.

Und das dann verglichen mit den paar Augenblicken, die man über den zweiten Hauptantrieb des Motorseglers, den Motor und Propeller, nachzudenken bereit ist. In dieser Hinsicht gibt es sicherlich einiges nachzuholen und das ist der Grund, warum das Stiefkind des Seglers beim Motorsegler etwas gründlicher drankommt.

Der Reinke-11er ist ein „schneller Motorsegler", der nach Aussage des Konstrukteurs mit 55 kW etwa 10 kn und mit 92 kW bis 13,5 kn fährt. Eine erstaunliche Geschwindigkeit, die einer Geschwindigkeitsstufe von 4,46 (13,5 kn) bzw. 3,30 (10 kn) entspricht. Das ist natürlich unter Segeln nicht zu erreichen. Das Rigg ist aber leistungsfähig und groß, um das Boot zu einem vollwertigen Segler zu machen.

Das große achterliche und selbstlenzende Cockpit und das breite Heck hält der Konstrukteur selbst allerdings für Baumerkmale, die nicht für Hochseereisen vor schwerer achterlicher See gedacht sind, sondern für Küstenreviere. Aufgrund der relativen Schlankheit (Länge/Breite = 11:3,15 = 3,49; der Durchschnitt liegt unter 3) geht der Reinke-11er hoch an den Wind und fährt unter Motor sehr gut gegenan. Der scharfe Steven garantiert ein weiches Einsetzen in die Welle.

Neben der gezeigten Kielversion gibt es diesen Motorsegler auch als Hubkieler mit 0,75 m Tiefgang für flache Reviere und zum Trockenfallen.

Bauweise:
Doppelknickspanter in Alu oder Stahl, wobei die Alu-Konstruktion um ca. 1 t leichter ausfällt (6,80 t) und die genannten Geschwindigkeiten erreicht.

Um die Vorzüge dieser Art Schiff darzustellen, möchte ich ebenfalls den Konstrukteur zitieren: „Für Segler, die lange Anmarschwege zum Revier haben, Wasserwanderer und solche, die nur segeln wollen, wenn es Spaß macht." (Sonst fahren sie unter Maschine.)

Das ist typisch für den modernen Motorsegler: schnell unter Motor und keine Einschränkungen der Segeleigenschaften durch zu übertriebene Rumpflinien in Richtung Halbgleiter.

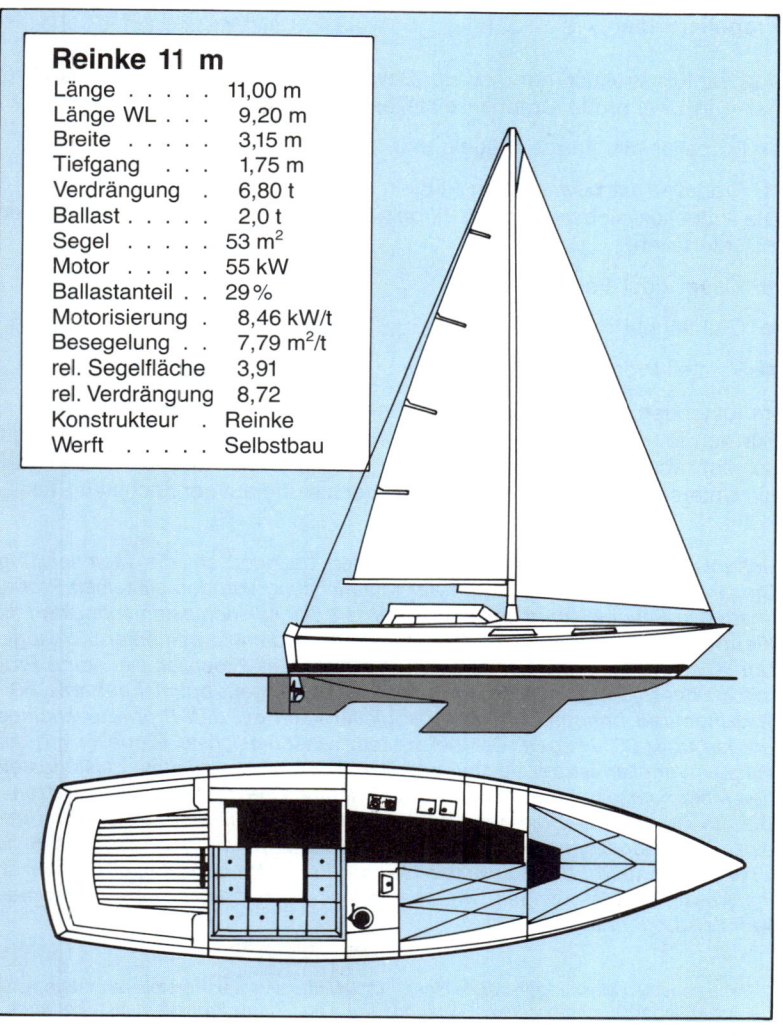

Reinke 11 m

Länge	11,00 m
Länge WL . . .	9,20 m
Breite	3,15 m
Tiefgang . . .	1,75 m
Verdrängung .	6,80 t
Ballast	2,0 t
Segel	53 m²
Motor	55 kW
Ballastanteil . .	29 %
Motorisierung .	8,46 kW/t
Besegelung . .	7,79 m²/t
rel. Segelfläche	3,91
rel. Verdrängung	8,72
Konstrukteur .	Reinke
Werft	Selbstbau

Propellerarten

Von der Konstruktion her bzw. der Beweglichkeit der Flügel kann man Propeller in zwei große Gruppen einteilen. Das sind

● Propeller mit starren Flügeln und

● Propeller mit beweglichen Flügeln.
Die Propeller mit beweglichen Flügeln sind wiederum in folgende Gruppen zu unterteilen:

● Klapp- oder Falt-Propeller

● Drehflügel-Propeller

● Verstell-Propeller

Im folgenden wird auf die Eigenarten dieser Propeller eingegangen.
Für den Motorsegler ist natürlich wichtig, daß der Propeller möglichst gut schiebt, aber beim Segeln keinen zu großen Widerstand bildet. Wie groß die Unterschiede sind, zeigt die Grafik rechts und auf der nächsten Seite.

Schubleistung der einzelnen Propellerarten bezogen auf die Motorleistung. Die Grafik zeigt, wieviel Prozent der Motorleistung von den einzelnen Propellerarten in Schubleistung umgesetzt werden. Am schlechtesten schneiden die Klapp- bzw. Faltpropeller ab, deren Wirkungsgrad meist weit unter 50% liegt.* Um 50% liegt bei optimaler Auswahl der Selbststell-Propeller. Der starre Prop mit 2,3 oder 4 Flügeln läßt sich bei guten Verdrängern optimal auf etwa 60% Wirkungsgrad bringen. Erst der Halbgleiter kann mit den Propellerwirkungsgraden über 60% liegen. Der bei weitem wirtschaftlichste Propeller mit den meisten Vorteilen ist der Verstellpropeller. Er kann das gesamte Leistungsfeld des Motors nahezu bis zur Vollast-Linie in jedem Drehzahlbereich ausnutzen. Die strichpunktierte Linie zeigt, wie wenig der installierten Leistung bei den einzelnen Propellerarten noch in Schubleistung verwandelt wird. Die 5 bis 15% die der starre, der Selbststell- und der Klapp-Propeller bei 50% Drehzahl ins Wasser bringen, zeigen, wie unsinnig es ist, den Propeller auf maximale Yachtleistung zu legen.

---

* Nach neuesten Messungen der Zeitschrift YACHT und diversen Herstellerangaben sollen bei vernünftiger Durchmesserwahl Wirkungsgrade von Klapp-Propellern 50% betragen.

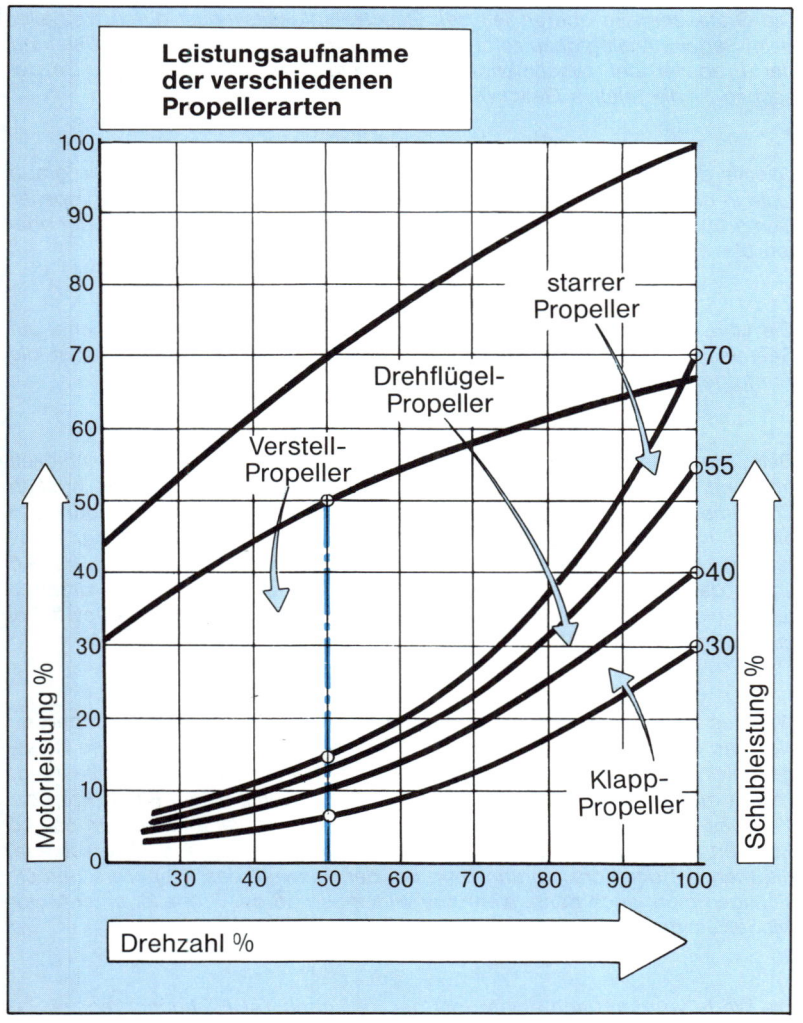

**Leistungsaufnahme
der verschiedenen
Propellerarten**

starrer
Propeller

Drehflügel-
Propeller

Verstell-
Propeller

Motorleistung %

Klapp-
Propeller

Schubleistung %

Drehzahl %

Die Grafik zeigt im oberen Teil den Geschwindigkeitsverlust durch Propeller beim Segeln. Analog dazu zeigt die untere Abbildung den Schleppwiderstand der Propeller bei zunehmender Geschwindigkeit. Die horizontale Bezugsachse ist die relative Geschwindigkeit.

Jeweils die unterste Kurve (blau) gilt für Klapp- und Faltpropeller. Die graue Linie in der Mitte für mitlaufende Zweiflügler, Drehflügel- und Verstellpropeller. Den größten Widerstand haben die starren Dreiflügler (mitlaufend), in der oberen blauen Kurve dargestellt.

Die Linie bei 1,63 stellt die in der Praxis unumstrittene durchschnittliche, auf Seereisen gefahrene Geschwindigkeitsstufe dar. Die Linie bei 2,43 ist die Rumpfgeschwindigkeit.

Daß der Geschwindigkeitsverlust mit zunehmender Geschwindigkeit abnimmt, obwohl der Propeller-Widerstand steigt, liegt in der starken Zunahme des Rumpfwiderstandes. So beträgt z. B. der Rumpfwiderstand eines 6-t-Motorseglers bei einer relativen Geschwindigkeit von 1,63 ca. 400 N (ca. 40 kg), bei 2,43 fast das Vierfache, nämlich 1500 N (ca. 150 kg), bei 3,0 schon das Zehnfache mit etwa 4000 N (ca. 400 kg), sofern ein Verdrängerrumpf diese Geschwindigkeitsstufe überhaupt erreicht, denn das sind bei einem Boot mit etwa 9 m Wasserlinienlänge 9 kn.

Was das für eine Reise bedeutet, läßt sich ebenfalls über den Daumen peilen: Nehmen wir das Boot mit 9 m Wasserlinienlänge. Die durchschnittliche Reisegeschwindigkeit ist dann 3 x 1,63 = 4,9 kn. Mit einem Dreiflügler (mitlaufend) verliert man ca. 8%, mit einem Drehflügler ca. 4%, mit einem Klapp-Prop ca. 1%. Das macht bei einer Hundert-Meilen-Reise eine Verspätung von ca. 1,5 Stunden (8 sm); nicht ganz 1 Stunde (4 sm) bzw. 12 Min. aus. Unterschiede, die man bei der Konzipierung bzw. bei der Auswahl des Propellers berücksichtigen muß, auch dann, wenn der Wirkungsgrad der Propeller unter Motor wieder einiges gutmacht.

Die Werte wurden nach einem Test der Zeitschrift YACHT hochgerechnet.

100

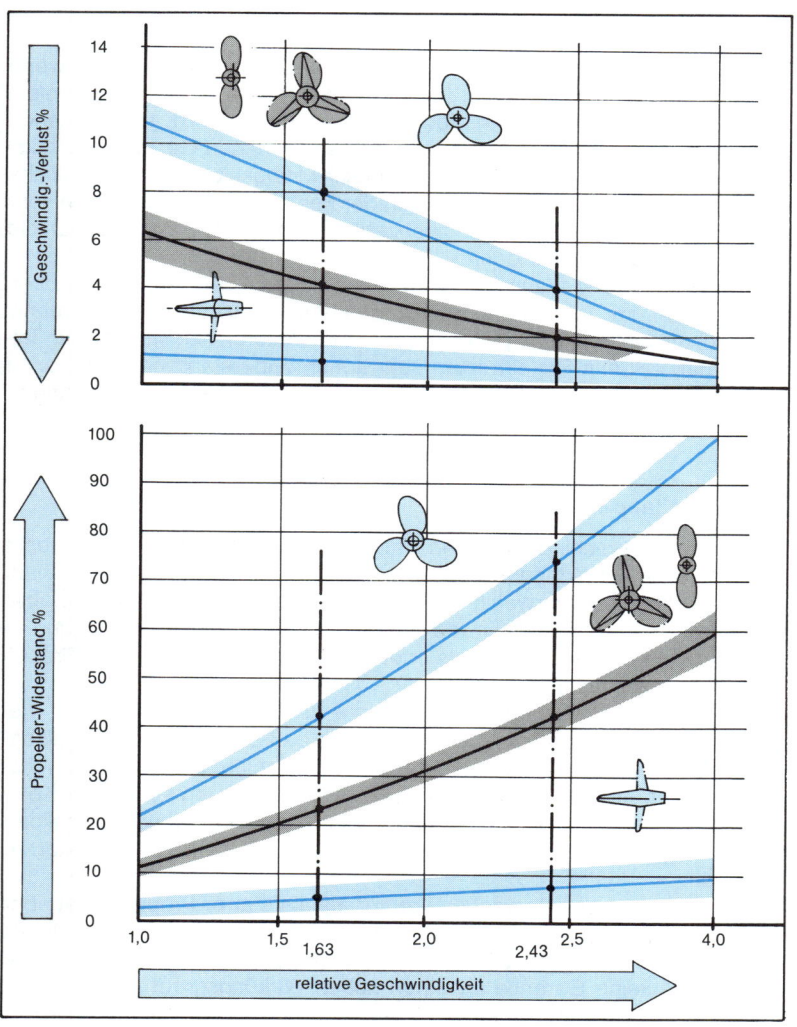

Geschwindig.-Verlust %

Propeller-Widerstand %

relative Geschwindigkeit

Festpropeller

Der Festpropeller ist die Urform des Propellers. Man kann mit ihm, wenn er richtig gewählt und gefertigt ist, die höchsten Wirkungsgrade erzielen. Höhere Wirkungsgrade als mit jeder anderen Propellerart. Leider stehen diesem Vorteil, mit Blick auf den Motorsegler und einen Geschwindigkeitsbereich der ein- bis zweifachen Rumpfgeschwindigkeit, einige wesentliche Nachteile gegenüber. Optimal läßt sich der Festpropeller nur in einem sehr engen Geschwindigkeits- bzw. Drehzahlbereich fahren. Darunter ist die Leistungsaufnahme sehr gering.
Beschleunigung und Manövrierfähigkeit lassen zu wünschen übrig. Außerdem läuft er im Teillastbereich bezogen auf Kraftstoffverbrauch relativ unwirtschaftlich (s. Kraftstoffverbrauch). Ein weiterer Nachteil ist die Tatsache, daß er beim Segeln einen sehr hohen Widerstand hat. Der Vorteil — er ist in jeder beliebigen Blattzahl und in allen denkbaren Abmessungen serienmäßig auf Lager und deshalb relativ preiswert.

Falt- und Klapp-Propeller

Mir ist der Unterschied zwischen Falt- und Klapp-Propeller nie so recht klargeworden. Auf jeden Fall handelt es sich um Propeller, die bei Leerlauf zusammenklappen, um wenig Widerstand zu bilden, kuppelt man sie aber ein, werden die Flügel durch die Fliehkraft auseinander geklappt und je nach dem, ob der Motor vorwärts oder rückwärts läuft, erzeugt der Propeller Schub in die richtige Richtung.
Vom Wirkungsgrad her kann man von dieser Art von Propeller nicht viel erwarten (je nach Auslegung bis 40%)*, so daß er in seinem Einsatzbereich auf segelnde Yachten beschränkt bleiben sollte, die wenig Betriebsstunden mit dem Motor fahren. Für Motorsegler ist er ein schlechter Kompromiß, scheint aber für den modernen Motorsegler neben der Verstellpropeller-Anlage und dem Drehflügler immer noch vor dem Festpropeller zu rangieren.
Vom Preis her ist er entsprechend teurer als ein starrer Propeller, hat aber eben den Vorteil geringen Widerstandes in zusammengeklappter Stellung. Von Produkt zu Produkt ist der Preis sehr unterschiedlich und die Höhe des Preises keine Garantie für einen hohen Wirkungsgrad.
*Nach neuen Untersuchungen der YACHT und diversen Herstellerangaben bis 50%

Drehflügelpropeller

Das sind Propeller, deren Flügel sich selbsttätig auf Vorwärts- und Rückwärtsfahrt einstellen und im Leerlauf auf Segelstellung gehen. Aufgrund ihrer Konstruktion und den Möglichkeiten, optimale Flügelformen einzusetzen, erreichen sie einen sehr hohen Wirkungsgrad sowohl in Vorwärts- als auch Rückwärtsfahrt und einen relativ geringen Widerstand in Segelstellung. Sie sind allerdings wesentlich teurer als Propeller mit starrem Flügel.

Als Luxusversion dieser Propellergattung könnte man den Drehflügler mit einstellbarer Steigung (nur direkt am Propeller) betrachten. Er ist aber wiederum wesentlich teurer als der normale Drehflügler und bietet gegenüber dem optimal abgestimmten Drehflügler keinerlei Vorteile. Seine aufwendigere Technik kommt erst dann zum Tragen, wenn man sich in der Propellerauslegung verschätzt hat und die Steigung verändern muß, um die Schubkraft des Propellers zu optimieren.

Auf jeden Fall ist der Drehflügelpropeller vom Preis her gesehen eine vernünftige Alternative für Fahrten- und Motorsegler, um den Widerstand beim Segeln gering zu halten.

Der Drehflügler verbindet die Vorteile des hohen Wirkungsgrades mit einem geringen Schleppwiderstand.
Die Propellerflügel klappen selbsttätig auf Vorwärts- bzw. Rückwärtsschub und stellen sich (ohne Motorantrieb) auf Segelstellung ein.

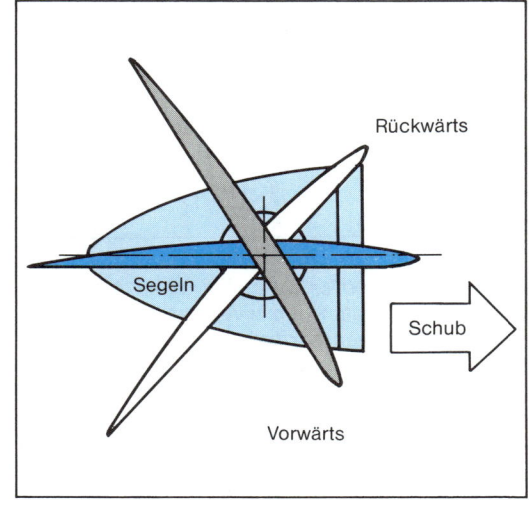

103

Verstellpropeller

Das sind Propeller, bei denen man je nach Bedarf vom Cockpit aus die Steigung der Flügel verstellen kann. Es handelt sich vorwiegend um Konstruktionen, bei denen die Verstellung mechanisch oder hydraulisch oder aus einer Kombination von beiden Systemen erfolgt. Man braucht nicht lange herumzureden. Es gibt für einen Motorsegler und theoretisch auch für eine Motoryacht nur eine wirklich ideale Propellergattung, das ist der Verstellpropeller. Dieser Aussage steht allerdings der Preis entgegen, der

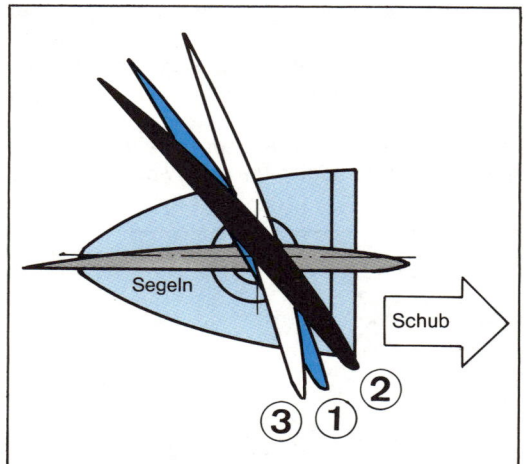

Die Effektivität des Verstellpropellers ist im Anpassen der Flügel an die Strömungsgeschwindigkeit begründet. Die Anströmrichtung verhält sich ähnlich wie der scheinbare Wind beim Segel. Die Stellungen (1) bis (3) entsprechen sinngemäß den Kurven in der Grafik rechts.

Der Verstell-Propeller wäre der ideale Antrieb für Motorsegler. Er bringt die ▶ Leistung des Motors am wirschaftlichsten ins Wasser, da er praktisch den ganzen Bereich unter der Vollastlinie ausschöpft.
Mit seinem besten Wirkungsgrad legt man ihn in den Bereich schneller Marschfahrt und kann so nach beiden Seiten die Leistungsaufnahme einstellen, ohne einen großen Abfall des Wirkungsgrades in Kauf zu nehmen.
Der Verstell-Propeller kann zwischen den beiden Kurven 2 und 3 gefahren werden und nimmt je nachdem, wie man die Steigung einstellt (nahezu), zwischen Null und Vollast auf.

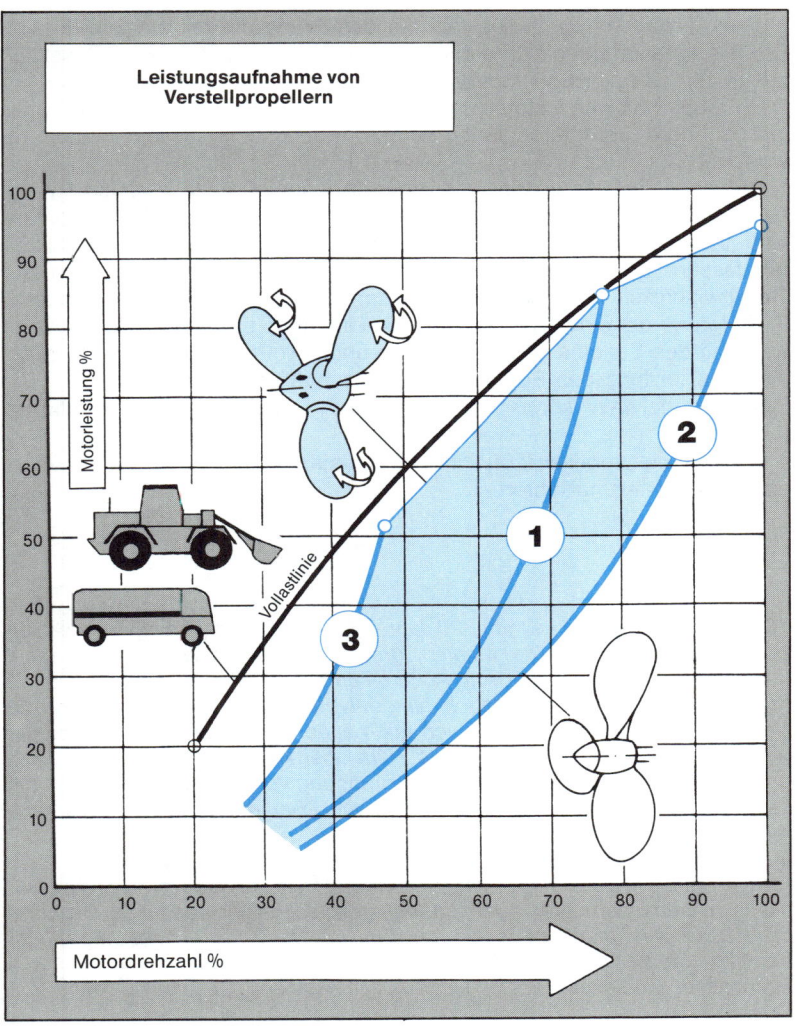

Leistungsaufnahme von Verstellpropellern

Motorleistung %

Vollastlinie

Motordrehzahl %

um ein Vielfaches höher liegt als der des Propellers mit starren Flügeln. Die Preisrelation bei gleich großen Anlagen liegt ungefähr bei 1:3 bis 1:7 zugunsten des starren Propellers.

Die Frage, was den Verstellpropeller besonders für Verdränger und hier insbesondere für Motorsegler so attraktiv macht, ist relativ leicht zu beantworten:

1. Mit dem Verstellpropeller kann man in jedem Drehzahlbereich so viel Leistung aus dem Motor holen, daß er immer im wirtschaftlichsten Bereich läuft, theoretisch könnte man sogar den Motor auf konstanter Drehzahl laufen lassen, um z. B. einen großen Generator zu betreiben, und die Geschwindigkeit des Bootes nur mit der Steigung des Propellers regeln.

2. Aufgrund der einstellbaren Steigung kann man den Motor auch optimal während des Segelns mitlaufen lassen und den Propeller gerade so belasten, daß er trotz des Segelantriebs wirtschaftlich dazuschiebt.

3. Der Propeller-Wirkungsgrad kann ähnlich hoch liegen wie beim starren Propeller.

4. Der Verstellpropeller läßt sich selbstverständlich auch auf widerstandsarmer Segelstellung fahren.

Siltala in Finnland baut seit über 20 Jahren Motorsegler in großen Stückzahlen ▶ *bis etwa 17 m Länge. Die Yachten, unter dem Namen Nauti Cat bekannt geworden, tendierten immer vom Äußeren und vom Fahrverhalten in Richtung Kutteryacht, von der sicher auch einige Typen abstammen, zumindest die Nauti Cat 33 und 44. Wenn sie sich auch äußerlich in Richtung Motorsegler „weiterentwickelt" haben, so hält die Werft aber konsequent an dem behäbigen Kutterrumpf mit großer relativer Verdrängung von fast 14 fest, da auch die neueste Nauti Cat 521, eine Konstruktion von Sparkman und Stephens, eine relative Verdrängung von 13,3 hat.*

Der räumliche Komfort ist dem Yachttyp entsprechend groß und das Ketsch-Rigg leicht bedienbar. Die Qualität des mit viel Holz ausgebauten Schiffes läßt nichts zu wünschen übrig. Auch die Technik ist solide und verläßlich. Die maximale Geschwindigkeit des rechts dargestellten Nauti Cat 38 liegt unter Motor bei 9 kn, das ist 1,6 kn über Rumpfgeschwindigkeit und dürfte aber auch die Grenzgeschwindigkeit dieser Rumpfart darstellen (Geschwindigkeitsstufe $V_G = 2,96$).

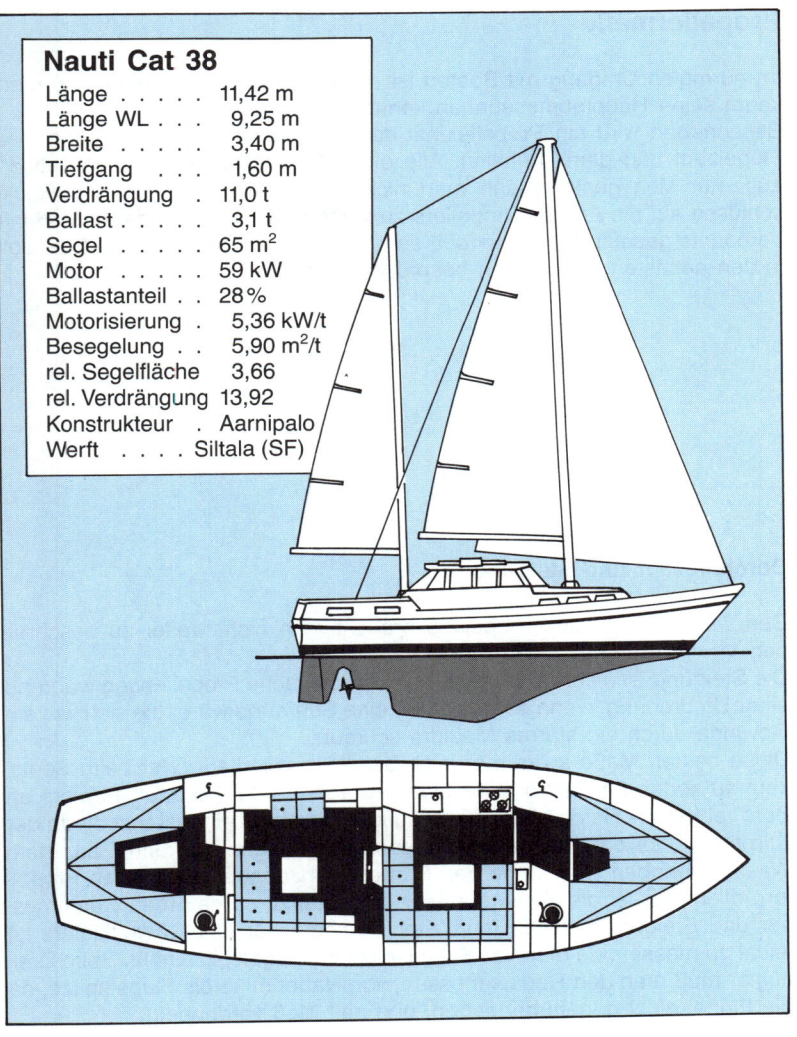

Nauti Cat 38

Länge	11,42 m
Länge WL . . .	9,25 m
Breite	3,40 m
Tiefgang . . .	1,60 m
Verdrängung .	11,0 t
Ballast	3,1 t
Segel	65 m²
Motor	59 kW
Ballastanteil . .	28 %
Motorisierung .	5,36 kW/t
Besegelung . .	5,90 m²/t
rel. Segelfläche	3,66
rel. Verdrängung	13,92
Konstrukteur .	Aarnipalo
Werft	Siltala (SF)

Propellermaße

Im normalen Umgang mit Booten ist der Propeller so weit weg, daß man kaum seine Hauptabmessungen kennt.

Beschrieben wird ein Propeller mit dem Durchmesser, der Steigung, der Flügelzahl und dem Drehsinn. Alle diese Größen sagen natürlich etwas aus. Für sich gestellt kann man nicht viel damit anfangen, um Rückschlüsse auf die Art des Propellers zu ziehen. Mit einem anderen Maß ins Verhältnis gesetzt, kommt jedoch sehr viel mehr zum Vorschein. Dies soll in den nächsten Abschnitten besprochen werden.

Durchmesser und Steigung

Den Durchmesser des Propellers braucht man nicht weiter zu beschreiben.

Die Steigung ist nichts anderes als der theoretische Propellerweg während einer Umdrehung, wenn der Propeller eine Schraube wäre, die sich wie ein Gewinde durch ein starres Medium schraubt.

Diese beiden Maße sollte man sich beim Propellerkauf oder beim Bootskauf auf jeden Fall in ein Datenblatt eintragen und im Ordner „Papiere an Bord" abheften. Beide Maße sind häufig in die Nabe eingestanzt oft an der Stirnfläche, so daß man sie nicht lesen kann, wenn das Schiff aus dem Wasser gehoben wird, ohne den Propeller abzubauen. Bei vielen Propellern allerdings ist die Seriennummer eingestanzt, so daß man Durchmesser und Steigung messen muß. Der Durchmesser eines Zweiflüglers ist leicht zu messen, da man von Flügelspitze zu Flügelspitze mißt. Beim Dreiflügler muß man den Radius messen, von Nabenmitte bis Flügelspitze, da die Flügel nicht gegenüber liegen, und das Maß verdoppeln.

Sowohl der Durchmesser als auch die Steigung allein sagen nichts Wesentliches aus. Die Division von Steigung und Durchmesser allerdings beschreiben sehr deutlich, in welchem spezifischen Geschwindigkeitsbereich das Schiff läuft. Das Resultat dieser Division wird als Steigungsverhältnis bezeichnet und läßt wichtige Rückschlüsse auf die Art des Propellers aus dem Steigungsverhältnis ziehen. Das ist das Verhältnis Steigung zum Durchmesser. Bei Verdrängern ist der Durchmesser stets größer als die Steigung. Es entsteht ein Wert unter 1.

Bei spezifisch schneller laufenden Schiffen wie Halbgleitern und Gleitern verschiebt sich das Verhältnis, die Steigung wird größer als der Durchmesser, so daß der Wert über 1 steigt (siehe die Graphik auf der nächsten Seite).

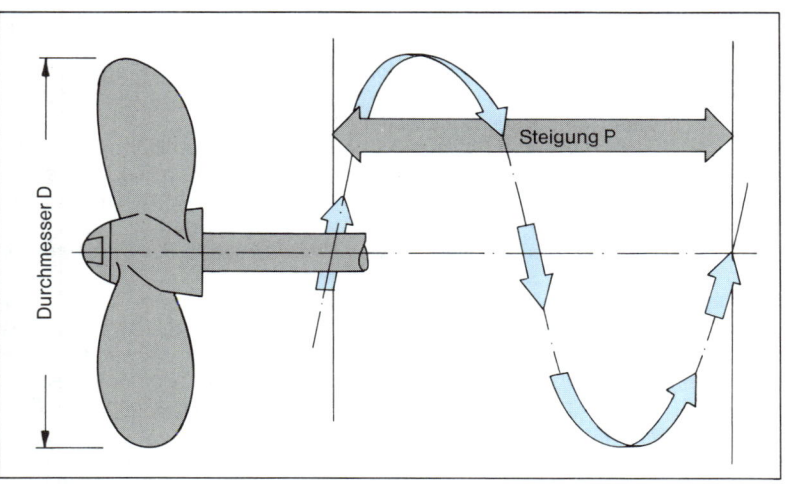

Der Durchmesser und die Steigung des Propellers sind die Hauptabmessungen, mit denen üblicherweise ein Propeller gekauft wird. Der Durchmesser ist der Außendurchmesser des Kreises, den die Flügel beschreiben. Die Steigung ist die Strecke, die der Propeller (wäre er ein Gewinde) aufgrund seines Flügelanstellwinkels theoretisch als Schraube zurücklegen würde.

Das Nomogramm rechts dient der Bestimmung des Steigungsverhältnisses ▸
*von Propellern. Das Steigungsverhältnis ist nichts anderes als die Steigung
dividiert durch den Durchmesser des Propellers. Als Verhältniszahl spielt es
keine Rolle, ob man Zoll oder Millimeter in die Rechnung einsetzt. Das Ergebnis aus der Division sagt dem Praktiker meist weniger als die nebeneinander
stehenden Maße Durchmesser und Steigung: Hier weiß der Fahrensmann
sofort:*

Durchmesser → kleiner → Steigung = Propeller für schnelle Boote

Durchmesser → größer → Steigung = Propeller für langsame Boote

*Die Verhältniszahl selbst z. B. Steigungsverhältnis = 0,82 ist sehr abstrakt.
Hat man aber z. B. die Zahlen für Durchmesser = 15 Zoll und für Steigung =
12 Zoll vor Augen, so weiß man, daß es sich um einen Schubpropeller für spezifisch leichte Verdränger handelt. Der Grund, warum dieses Nomogramm
gezeichnet wurde, liegt darin, daß man die Verhältniszahl zur Einschätzung
des Propeller-Wirkungsgrades braucht oder umgekehrt, um aus der Motorleistung und voraussichtlichen Geschwindigkeit des Bootes die Propellermaße
zu ermitteln.*
So wird mit dem Nomogramm gearbeitet:
*Markieren Sie auf der linken Skala den Durchmesser (Berechnung s. S. 168),
an der rechten die Steigung ihres Propellers und verbinden Sie die beiden
Punkte mit einer Linie. Dort, wo die Linie die mittlere Skala schneidet, liegt das
Steigungsverhältnis ihres Propellers.*
*Die eingezeichneten Beispiele zeigen einen Propeller mit 15 Zoll Durchmesser
und 9 Zoll bzw. 12 Zoll Steigung.*
*Umgekehrt wenn Sie das Steigungsverhältnis haben (das kommt aus der Pro-
peller-Rechnung über die Motorleistung und die Grafik auf S. 168), kommt es
darauf an, den für Ihr Boot größtmöglichen Durchmesser zu wählen (s. S.
123). Wenn der Durchmesser festliegt, zeichnen Sie vom Durchmessermaß
über die Skala des Steigungsverhältnisses eine Linie und erhalten so die Steigung für Ihren optimalen Propeller.*
Achtung: Von der Millimeter-Skala müssen Sie erst horizontal zur Zoll-Skala!

Zoll → mm → Zoll

*Die beiden senkrechten Skalen für Millimeter und Zoll können auch zur gro-
ben Umrechnung der Propellermaße von Zoll in Millimeter und umgekehrt verwendet werden.*

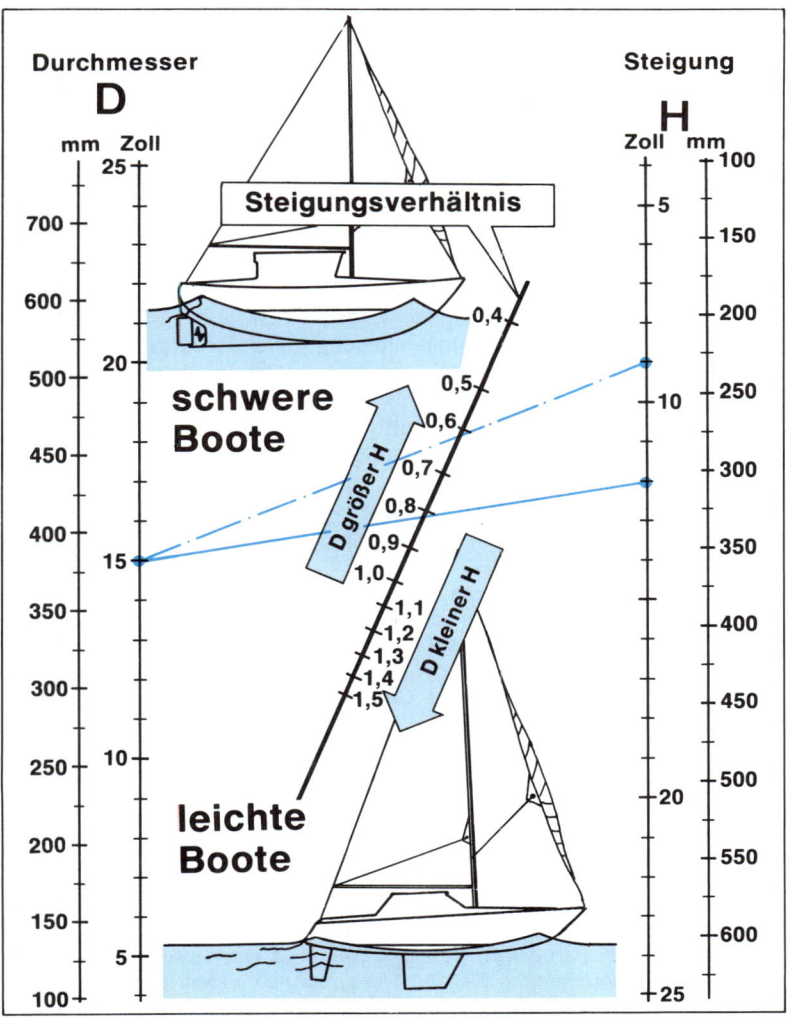

Slip des Propellers

Die Steigung ist das theoretische Maß für die Strecke, die sich der Propeller als Schraube bei einer Umdrehung weiterbewegen würde. In der Praxis gibt es eine Reihe von Faktoren, die dieses Maß verkleinern und schlechthin als Slip bezeichnet werden. Der Slip des Propellers ist vergleichbar mit dem Durchdrehen von Rädern. Das heißt, der Propeller „schraubt" sich durchs Wasser, rutscht aber etwas durch, so daß er das Boot nicht ganz so weit bringt, wie er es aufgrund der Propellersteigung theoretisch bringen müßte.

Der Slip wird in Prozent angegeben und liegt bei Verdrängern zwischen 20 und 30%. Das heißt, die Bootsgeschwindigkeit ist 20 bis 30% langsamer als sich aus der Rechnung Propellersteigung x Drehzahl ergeben würde.

Bei der ersten Schätzung der Steigung betrachtet man das andersherum:

Die Steigung mal Propellerdrehzahl ist um den Slip größer als die Bootsgeschwindigkeit.

$$\text{Steigung (mm)} = 30\,900 \frac{\text{Geschwindigkeit (kn)}}{\text{Drehzahl (1/min)} \times \text{Slipfaktor (1 − Slip)}}$$

Der rechnerische Slip, den man aus der Division der Bootsgeschwindigkeit und der Propellergeschwindigkeit errechnet, schließt das Mitstromfeld ein. Das Mitstromfeld bzw. der Nachstrom ist das vom Schiff mitgezogene Wasser, das die Anströmgeschwindigkeit des Propellers verringert. Das bedeutet, daß man den Slip nicht für eine genaue Größe zur Propeller-Berechnung verwenden kann.

Die Zeichnung zeigt den Zusammenhang zwischen Propellersteigung und ▶ dem Slip. Die Steigung × der Propellerdrehzahl wäre die theoretische Bootsgeschwindigkeit, wenn der Propeller wie ein Gewinde funktionieren würde. Da dies in der Praxis nicht der Fall ist, ist die Bootsgeschwindigkeit um den Slip (hier mit 20% dargestellt) geringer. Wenn Sie einen konkreten Meßwert Ihres Bootes haben, können Sie den Slip errechnen, indem Sie die Bootsgeschwindigkeit durch die theoretische Propellergeschwindigkeit dividieren.

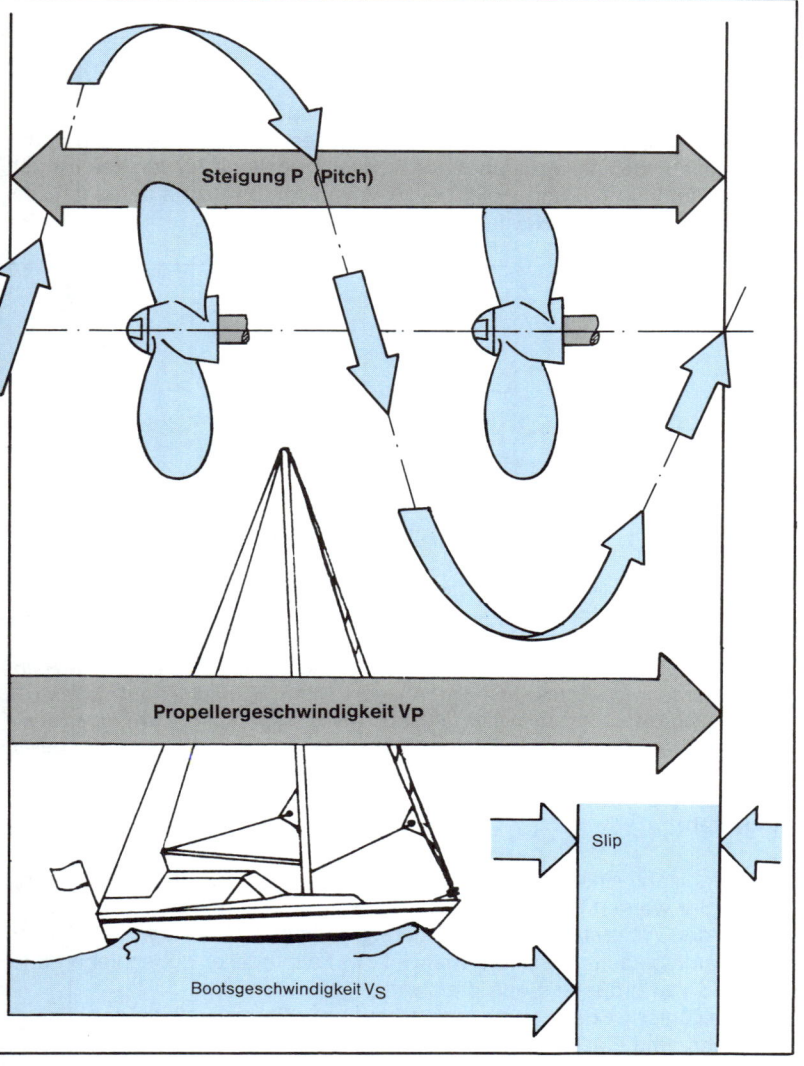

Steigung P (Pitch)

Propellergeschwindigkeit Vp

Slip

Bootsgeschwindigkeit V$_S$

113

Flächenverhältnis

Das Flächenverhältnis gibt die Größe der Flügelfläche im Verhältnis zur Durchmesserfläche des Propellers an. Dieser Verhältniswert läßt Rückschlüsse auf den Verwendungszweck des Propellers zu, für Verdränger liegt die Zahl bei 0,5 und steigt bei Motoryachten bis 1 und darüber — im wesentlichen, um den Kavitationsbeginn zu verzögern.

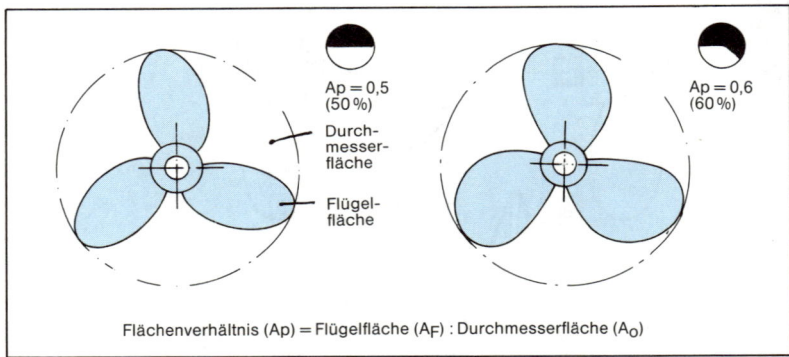

Flächenverhältnis (Ap) = Flügelfläche (A_F) : Durchmesserfläche (A_O)

Das Flächenverhältnis des Propellers gibt an, wie groß die Flügelfläche im Verhältnis zur Durchmesserfläche des Propellers ist. Für Verdränger und Halbgleiter werden im allgemeinen Propeller mit einem Flächenverhältnis um 0,5 bis 0,7 eingesetzt, für schneller fahrende Motorboote steigt die Flügelfläche und somit das Verhältnis auf 0,8 und noch weiter. Es gibt sogar Propeller, deren Flügelfläche größer als die Kreisfläche ist.

Flügelzahl

Die Flügelzahl eines Propellers ergibt sich meist aus der Anwendung. Zweiflügler werden im wesentlichen auf Segelbooten eingesetzt, um beim Segeln den Widerstand möglichst gering zu halten. Der starre Zweiflügler wird allerdings selten, seit die Klapp- bzw. Faltpropeller gut schieben und aufgrund von größerer Serie preiswerter geworden sind.
Der Dreiflügler ist der am meisten eingesetzte Propeller. Er findet je nach Steigungs- und Flächenverhältnis vom Verdränger bis zum Gleiter Verwen-

dung. Für Motorsegler kommt insbesondere der Drehflügel- oder Verstellpropeller in Frage, da der starre Dreiflügler beim Segeln zu großen Widerstand bringt.

Vier- und Mehrflügler sind meist spezielle Anfertigungen für spezifisch
schwere schnellaufende Motoryachten, bei denen besonderer Wert auf
ruhigen Lauf gelegt wird. Außerdem werden sie bei gegenläufigen Propel-
lersystemen wie dem Duo-Prop eingesetzt.

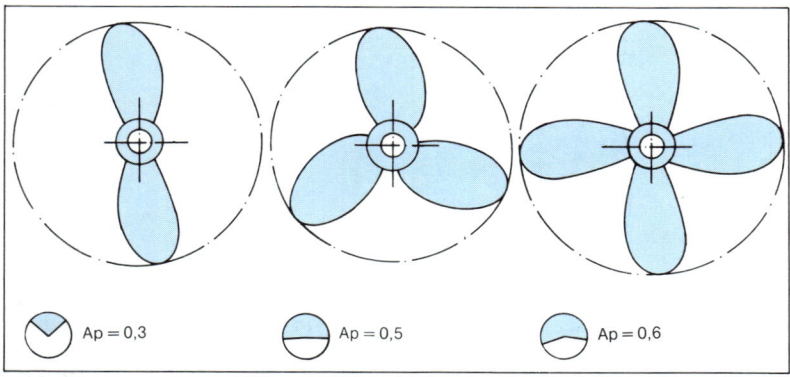

Der Zweiflügler wird im allgemeinen nur bei Segelbooten verwendet.
Der Dreiflügler ist der häufigste Propeller in einem breiten Bereich vom Schub-
propeller bis zum Speedpropeller.
Der Vierflügler ist im Prinzip ein Propeller, mit dem man spezifisch schwere
Motoryachten antreibt. A_p = Flächenverhältnis

Drehsinn

Über den Drehsinn eines Propellers brauchte man nicht viele Worte zu ver-
lieren, wenn nicht immer wieder Verwirrung auftauchen würde, wenn man
die Frage stellt, wie rum dreht der Motor, wie rum dreht der Propeller.
Prinzipiell gibt es sowohl rechts- als auch linksdrehende Motoren und Propeller, linksdrehend ist aber selten. Es entsteht aber z. B. beim Einbau von

S- und V-Antrieben, wenn der Motor mit der Kupplung nach vorne steht. Auch Doppel-Motorenanlagen haben häufig einen rechts- und ein linkslaufenden Motor.

Normalerweise ist es aber so, daß ein Motor rechtsrum dreht und auch der Propeller gleich läuft. Und was rechts- oder linksherum heißt, ist definiert, und zwar wenn man von hinten in Fahrtrichtung auf das Boot guckt, dann dreht ein Propeller rechts, wenn er im Uhrzeigersinn läuft, und links, wenn er entgegen dem Uhrzeigersinn läuft.

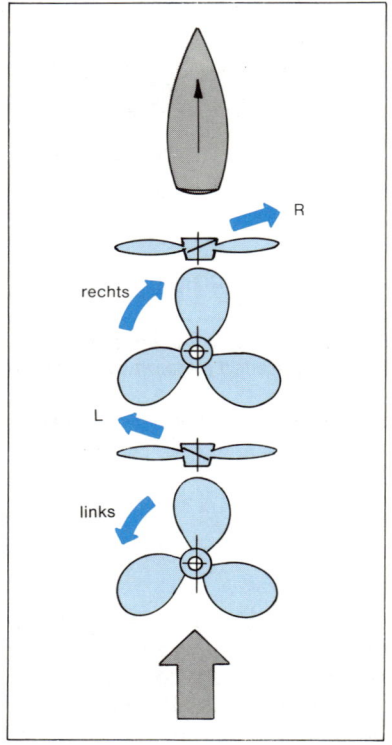

Der Drehsinn des Propellers wird mit Blick in Fahrtrichtung angegeben, das heißt, der Beobachter blickt von hinten in Fahrtrichtung auf den Propeller. So gesehen, wird der im Uhrzeigersinn drehende Propeller als rechtsdrehend und der entgegengesetzt drehende als linksdrehend bezeichnet.

Erkennen kann man das am Propeller dadurch, daß man ihn mit der Propellernaben-Vorderseite (sie ist meist größer als die Rückseite oder hat eine größere Bohrung) nach vorne hält und von oben auf den Propellerflügel guckt. Zeigt der Flügel mit der rechten Seite nach vorne, handelt es sich um einen rechtsdrehenden, sonst um einen linksdrehenden Propeller.

Propellerwahl für Motorsegler

Da der Motorsegler in der Rumpfform vernünftigerweise (vorerst noch) auf das Segelpotential abgestimmt ist, das (noch) in der Größenordnung der Rumpfgeschwindigkeit liegt, braucht man das Boot nicht mit einem zu großen Motor zu belasten. Dementsprechend kann auch der Propeller eher auf besten Wirkungsgrad (hohes Drehmoment, großer Durchmesser) bei allen Vorteilen niedriger Drehzahl ausgelegt sein.

Daraus ergibt sich für Motorsegler bei der Auswahl der Konstruktionsart des Propellers ohne Rücksicht auf den Preis folgende Reihenfolge:

1. Verstellpropeller
2. Drehflügelpropeller
3. Klapp-Propeller
4. Festflügelpropeller

1. Verstellpropeller

Verstellpropeller werden mit dem besten Wirkungsgrad, d. h. mit optimaler Flügelstellung in einen wirtschaftlichen Fahrbereich gelegt, der zwischen 50% und 80% der Nenndrehzahl liegt. Neigt man mehr zum Motoren, sollte dieser Punkt in Richtung 50% liegen, neigt man mehr zum Segeln, dann in Richtung 80%. Durchmesser und Flügelstellung sind dann so ausgelegt, daß der Propeller in einem Bereich die Vollastlinie erreicht, indem das Drehmoment hoch und der spezifische Kraftstoffverbrauch niedrig liegen.

Es gibt nur wenige Firmen, die serienmäßig kleine Verstellpropelleranlagen bauen. Klein heißt in diesem Zusammenhang Propellerdurchmesser unter 1 m. Deshalb ist es bei der Anschaffung sehr wichtig, die konstruktiven, mechanisch arbeitenden Details so einer Anlage genau mit den Konkurrenzprodukten zu vergleichen und das Resultat dieser Untersuchung mit dem Preis in Relation zu setzen.

Eine auf diese Art und Weise ausgewählte Verstellpropelleranlage nutzt den Motor auf wirtschaftlichste und komfortabelste Weise, d. h. spezifisch niedriger Verbrauch, wenig Geräusche, wenig Schwingungen und weniger Defekte.

2. Drehflügelpropeller

Der Drehflügelpropeller kann bei sorgfältiger Fertigung gegenüber dem starren Propeller wesentliche Vorteile haben. Er erreicht natürlich nicht das Optimum der Verstellpropelleranlage, ist aber auch wesentlich billiger als diese. Voraussetzung für lange Lebensdauer und einwandfreie Funktion der Drehflügelpropeller ist eine sorgfältige Konstruktion. Auch hier gilt beim Kauf: genauer Detailvergleich in Relation zum Preis. Gegenüber dem feststehenden Flügel hat diese Propellerart den Vorteil, daß sie selbsttätig auf Segelstellung geht und damit beim Segeln wenig Widerstand bringt.

Drehflügelpropeller mit einstellbarer Steigung lassen sich optimal auf das Schiff abstimmen, da die Steigung regulierbar ist (allerdings nur, wenn das Schiff aus dem Wasser gehoben wird), das ist aber, wie schon erwähnt, nur dann notwendig, wenn der Propeller von vornherein nicht richtig abgestimmt wurde, was man von einer guten Werft aber erwarten sollte.

Drehflügelpropeller sollte man in der Leistungsaufnahme so legen, daß sie die Vollastlinie zwischen 70 und 80% der Nenndrehzahl erreichen, das ist etwa im Bereich, den man als „mittelschweren Betrieb" einstuft. Das setzt aber voraus, daß der Hersteller die Leistung an diesem Punkt blockiert, damit die Garantie gesichert ist und kein uneingeweihter Dritter den Motor überlasten kann.

Der Fisher 37 ist eine solide Kutteryacht mit professionell fischenden Vorfahren. Eine Yacht für Fans von Tradition und Robustheit. Es ist schlicht eine Frage der Weltanschauung, ob man doppelt so viel gut verarbeitetes Material wie nötig durch die Gegend fährt.

Dieser Motorsegler steht hier stellvertretend für eine Vielzahl ähnlicher Yachten. Sie alle haben eines gemeinsam, sie sind langsam und behäbig, sind umgeben von einem Flair von Sicherheit und Robustheit. Das alles stimmt zwar, ist aber überholt. Eine moderne, wesentlich leichtere Yacht mit einem anderen Unterwasserschiff ist in jeder Hinsicht besser. Dennoch haben Kutteryachten ihre Reize und begeistern viele Eigner.

Sie sind sozusagen das traditionelle Ende des breiten Artenspektrums, das unter den Sammelbegriff Motorsegler fällt.

Im Anhang sind noch einmal die technischen Daten aller Motorsegler, die in diesem Buch aufgeführt sind, nebeneinander gestellt. Vergleichen Sie die spezifischen Werte, besonders die relative Segelfläche und die relative Verdrängung dieser Yachtart und Sie werden feststellen, daß man ein Rigg dieser Größe und so einer Masse schon als einen Hilfsantrieb bewerten muß.

Fisher 37

Länge	11,30 m
Länge WL . . .	9,85 m
Breite	3,65 m
Tiefgang . . .	1,55 m
Verdrängung .	14,0 t
Segel	66 m^2
Motor	60 kW
Motorisierung .	4,29 kW/t
Besegelung . .	4,71 m^2/t
rel. Segelfläche	3,37
rel. Verdrängung	14,58
Werft	Northshore (GB)

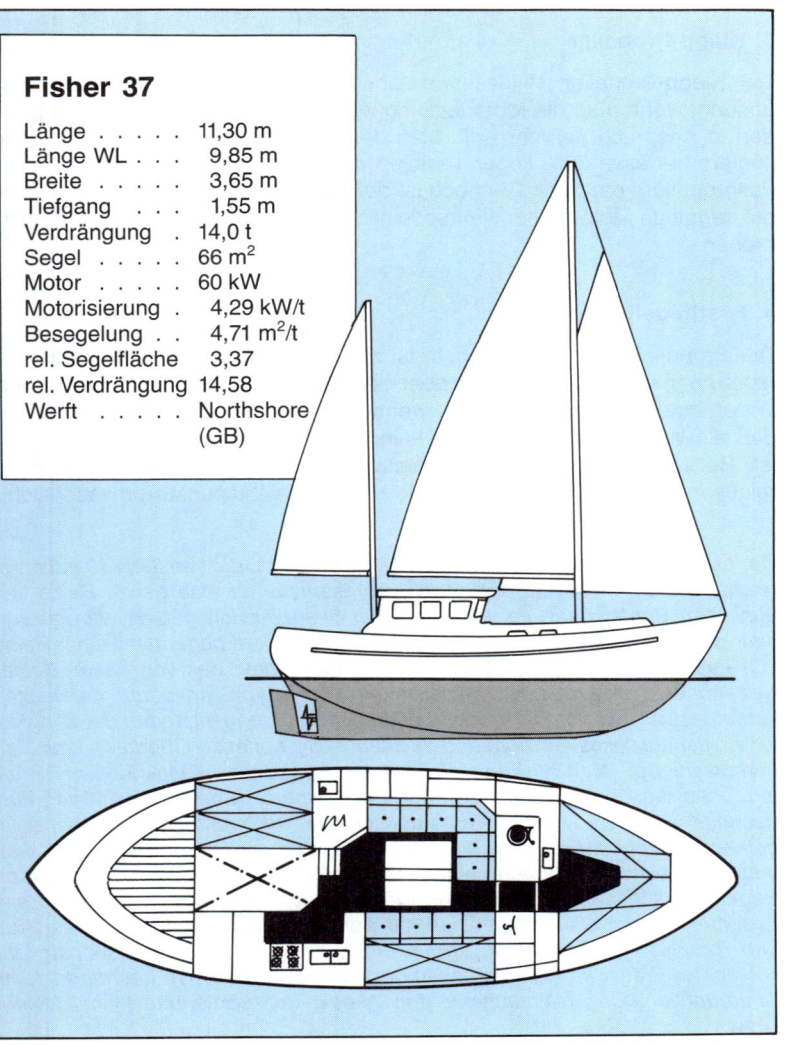

3. Klapp-Propeller

Der Klapp-Propeller ist für einen schweren Motorsegler die schlechteste Lösung, wenn man die Motorleistung wirklich wirtschaftlich und viele Stunden in Anspruch nehmen will. Mag der Wirkungsgrad eines starren Dreiflüglers bei etwa 50% liegen (halbiert die Motorleistung), so liegt der des Faltpropellers darunter. Dennoch ist der Faltpropeller für spezifisch leichte, gut segelnde Motorsegler wahrscheinlich vor dem festen Zweiflügler einzuordnen.

4. Festflügelpropeller

Der Propeller mit starren Flügeln ist zwar preiswert und im Wirkungsgrad recht hoch einzuschätzen, hat aber den Nachteil, daß er beim Segeln viel Widerstand erzeugt, auch dann, wenn das Getriebe die Möglichkeit bietet, daß die Welle leer mitläuft, was keineswegs bei allen Getrieben möglich ist. Bei Motorseglern mit einer relativen Verdrängung über 10 und einer relativen Segelfläche unter 3,5 sind diese Gesichtspunkte unwesentlich.

Der LM 32 entstammt einer Reihe von Motorseglern, die von 8 bis 10 m Länge reicht. Der LM steht hier aber auch repräsentativ für eine ganze Reihe von ähnlichen Bootstypen, die vorwiegend in Skandinavien gebaut werden und sehr große Verbreitung gefunden haben. Die LM-Werft begann mit einer Reihe von Langkielern mit Kanu-Heck etwa mit den Linien des von Laurin Koster gezeichneten und bekannt gewordenen Koster-Typs. Im Laufe der letzten Jahre hat sich bei der Werft wohl die Meinung durchgesetzt, daß der Langkieler zu viel nutzloses Gewicht und zuviel unnötig benetzte Oberfläche mit sich herumschleppt. Man hat über Wasser das traditionelle Kanu-Heck beibehalten, unter Wasser sind die LMs aber im Heckbereich mit flachen Linien ausgestattet worden, so daß sie Fahreigenschaften wie Yachten mit flachem Spiegelheck erreichen. Auch das Rigg wurde von Jahr zu Jahr größer, so daß man heute von einem modernen gelungenen Motorsegler sprechen kann, dessen Segeleigenschaften durch die Vorteile des Motorseglers in keiner Weise eingeschränkt sind. Die Kombination mit dem nach hinten offenen Ruderhaus und großem Achtercockpit sowie einer großen Cockpit-Persenning für schlechtes Wetter im Hafen machen gerade diesen Bootstyp besonders familienfreundlich. Das gilt auch für den Aspekt der Bedienbarkeit mit kleiner Crew.

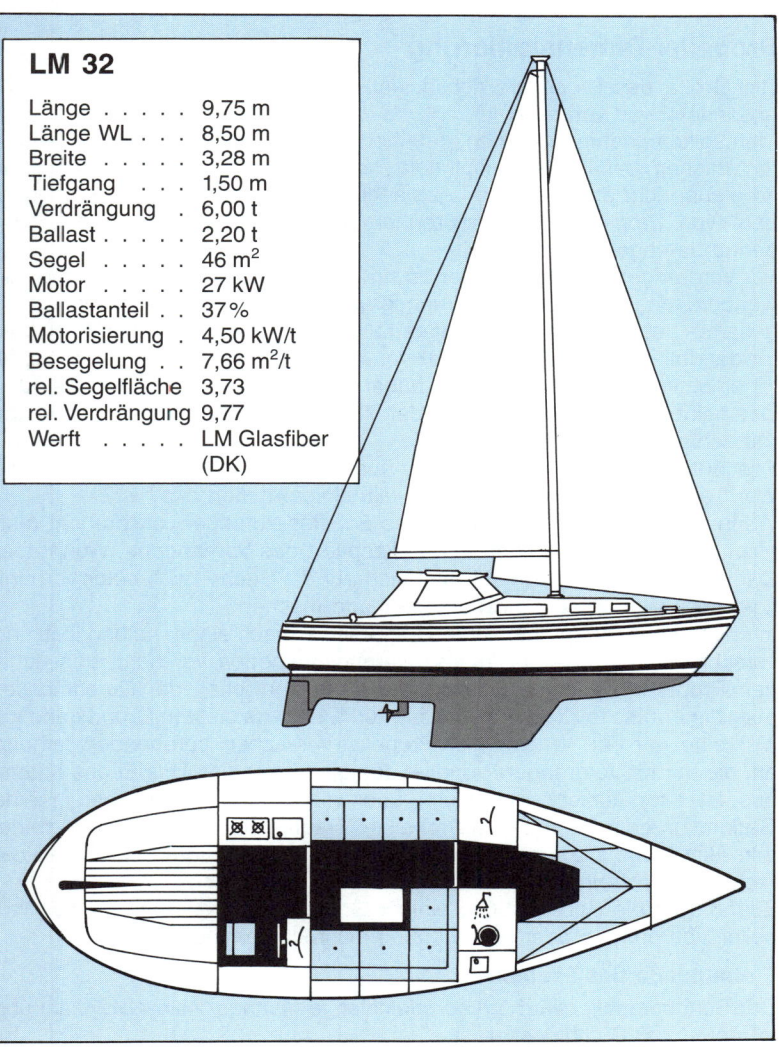

LM 32

Länge	9,75 m
Länge WL . . .	8,50 m
Breite	3,28 m
Tiefgang . . .	1,50 m
Verdrängung .	6,00 t
Ballast	2,20 t
Segel	46 m²
Motor	27 kW
Ballastanteil . .	37 %
Motorisierung .	4,50 kW/t
Besegelung . .	7,66 m²/t
rel. Segelfläche	3,73
rel. Verdrängung	9,77
Werft	LM Glasfiber (DK)

Propeller-Dimensionierung

Die Größe des Propellers richtig festzulegen, ist eine „Kunst", die nicht besonders weit verbreitet ist.

Man sollte annehmen können, daß Werften mit ihren Prototypen Probefahrten machen, bei denen der optimale Propeller gesucht wird. Das wird aber, so glaube ich, äußerst selten gemacht. Man vertraut da auf „Berechnungen" von Propeller- und Motorenherstellern, die häufig nicht gründlich genug, ja sogar falsch sind.

Für Verdränger, wie Motorsegler es sind, sollte man etwas mehr Mühe aufwenden, um den Propeller-Wirkungsgrad zu optimieren, da er sonst für die gesamte Lebensdauer des Schiffes (bzw. des Propellers) einen Verlustfaktor darstellt. Man muß sich immer vor Augen halten, daß ein guter Propeller einen Wirkungsgrad von 70% haben kann und ein schlechter von 30%. Das heißt, der gute Propeller wandelt 70% der Motorleistung in Schub um, der schlechte nur 30%.

Wie läßt sich nun prüfen, zumindest überschlägig, ob ein Propeller, den die Werft einem beim Kauf verpassen will, einigermaßen okay ist?

Wenn man mit der Fahrleistung des Schiffes zufrieden ist, braucht man nicht weiter nachzurechnen, man akzeptiert das Vorhandene. Wenn aber Zweifel bestehen, dann muß man sich auf die Suche nach einer vernünftigen Propeller-Dimensionierungsmethode machen.

Ich habe für einen mir bekannten Motorsegler nach einem halben Dutzend verschiedener Propeller-Dimensionierungsmethoden versucht, den richtigen Propeller zu finden. Richtig war im wesentlichen der Durchmesser, aber die ermittelte Steigung wich bis 100% ab. Aus diesem Grund gebe ich hier eine auf den Wageninger Propeller-Versuchen beruhende Methode an, die mir für Verdränger-Propeller geeignet erscheint. Das Ei des Kolumbus ist es natürlich auch nicht, aber man kommt zumindest in eine Gegend, in der man mit dem Propeller-Wirkungsgrad einigermaßen zufrieden sein kann. Die entsprechenden Formeln und Diagramme finden Sie rechts und im Anhang.

Zuerst aber die Beschreibung einiger Größen, ohne die man bei der Propeller-Überprüfung oder -Berechnung nicht klarkommt.

Einbaumaße des Propellers

Der Schubpropeller wird um so effektiver, je niedriger seine Drehzahl und je größer der Durchmesser ist.

Die Grenzen liegen bei der Getriebeuntersetzung (s. nächste Seite) und den möglichen Einbaumaßen. Überschreitet man bestimmte Mindestabstände zum Rumpf und Ruder, so sind Geräusche, Schwingungen, Kavitationsbildung und Abnahme des Wirkungsgrades die Folge.
Der Konstrukteur kann natürlich einen „Riesenpropeller" planen, dagegen spricht aber zumindest der Schleppwiderstand beim Segeln, um die wichtigste Größe zu nennen.

Die Skizze zeigt die Einbaumaße und damit den größtmöglichen Durchmesser eines Propellers bei einem vorhandenen Schiff. Die Verhältnisse gelten auch für den herkömmlichen Propellerbrunnen bei Yachten mit langem Kiel (gestrichelt). Das wichtigste Maß ist der Propellerabstand zum Rumpf (A). Er sollte mindestens 50 mm oder 10% des Propeller-Durchmessers betragen. Unterschreitet man dieses Maß, entstehen meist Schwingungen und extreme Geräuschbelästigungen. Das Maß (B) sollte 30% des Propeller-Durchmessers betragen. Maß (C) etwa 20 mm mehr als die Propellernaben-Länge. Der Grund für Maß C ist in erster Linie der Propeller-Ausbau und

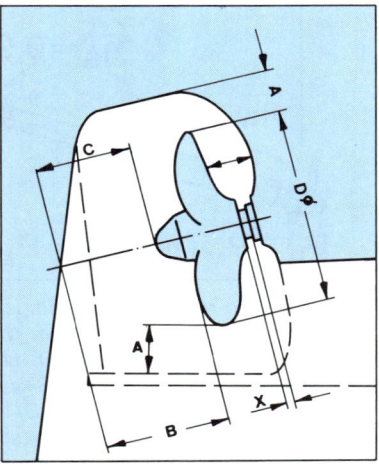

hat nicht direkt wie die anderen Maße mit Strömungsfragen zu tun. Das Maß (X) wählt man im allgemeinen mit etwa 10 mm.

Propeller-Wirkungsgrad

Der Wirkungsgrad des Propellers sagt aus, wieviel von der Wellenleistung in Schub umgewandelt wird. Er ist eine Größe, die dem Eigner meist vorenthalten bleibt. Realistische Propeller-Wirkungsgrade für Motorsegler liegen um 50%. Gut dimensionierte Dreiflügler haben bei Verdrängern Wirkungsgrade bis 60%. Klapp-Propeller liegen meist in Richtung 30% (s. dazu auch S. 100 ff).
Neben dem Propeller-Wirkungsgrad gibt es allerdings noch eine Reihe anderer Wirkungsgrade, deren Vorhandensein man kennen muß, wenn

man den Propeller-Wirkungsgrad überprüfen will. Zur Bestimmung der Propeller-Leistung (P_P) braucht man den mechanischen Wirkungsgrad, der sich je nach Leistungsdefinition aus dem Wirkungsgrad des Getriebes η_G und dem Wellen-Wirkungsgrad η_W zusammensetzt.

$$P_P = P_M \cdot \eta_G \cdot \eta_W$$
$$\eta_G = 0.96$$
$$\eta_W = 0.96$$
$$P_P = P_M \cdot \eta_G \cdot \eta_W = P_M \cdot 0.96 \cdot 0.96 = P_M \cdot 0.92$$

Wirkungsgrade multiplizieren sich. Ist die Motorleistung auf das Schwungrad bezogen, muß man noch mit dem Wirkungsgrad η (griech. Eta) von Getriebe bis Wellenausgang multiplizieren. Liegen keine Herstellerwerte vor, können Sie die Wirkungsgrade aus der Skizze nehmen oder von der Schwungradleistung nach DIN 6271 (oder 6270 B) über den Daumen 8–10% abziehen. Das gilt auch für Z-Triebe und S-Triebe, sofern nicht die Leistung auf die Propellerwelle (P_P) bezogen ist. Ist bei Einbaumaschinen die Leistung auf die Welle am Getriebeausgang bezogen, muß man für die Wellenanlage 4–5% und für jedes zusätzliche Lager etwa 2% einsetzen.

Propeller-Drehzahl und -Geschwindigkeit

Die Propeller-Drehzahl ist bei Motorseglern nicht mit der Motor-Drehzahl identisch. Sie ist je nach Getriebeuntersetzung niedriger. Wenn man die Wahl hat, das Getriebe noch zu ordern, sollte man bei Verdrängern (das sind Motorsegler) mit viel Motorstunden die größere Untersetzung (bis 3 : 1) wählen. Dann wird der Propeller im Durchmesser größer und der Wirkungsgrad besser. Die Propeller-Drehzahl ergibt sich aus der Formel:

Propeller-Drehzahl = Motor-Drehzahl : Untersetzungsverhältnis

Das Untersetzungsverhältnis wird entweder als bereits ausgerechnete Zahl z. B. Untersetzungsverhältnis = 2,0 oder als das Verhältnis selbst angegeben (Untersetzungsverhältnis = 2 : 0). Aus der Propeller-Drehzahl läßt sich mit der Steigung die theoretische Propeller-Geschwindigkeit errechnen:

Propeller-Geschwindigkeit (Knoten) =
$8,229 \times 10^{-4} \times$ Steigung (Zoll) $\times$ Propeller-Drehzahl (1/min)

Will man die Propeller-Geschwindigkeit in km/h errechnen und die Steigung in mm einsetzen, so muß statt der Zahl

$8,229 \times 10^{-4}$ der Wert 6×10^{-5} eingesetzt werden.

Von Interesse ist allerdings nicht so sehr die theoretische Propeller-Geschwindigkeit, sondern die Differenz zur Bootsgeschwindigkeit, die einen Rückschluß auf die Propeller-Anströmgeschwindigkeit zuläßt. Daß die theoretische Propeller-Geschwindigkeit nicht der Bootsgeschwindigkeit und beide nicht der Propeller-Anströmgeschwindigkeit entsprechen, liegt in der Tatsache, daß das Boot auch Wasser mitschleppt (Nachstrom). Die Propeller-Anströmgeschwindigkeit ist von der Rumpfform abhängig und liegt bei Motorseglern etwa 15 bis 25% niedriger als die Bootsgeschwindigkeit. Hier einige Werte (V_S = Bootsgeschwindigkeit):

Rumpftyp	Nachstrom	Prop.-Anströmgeschw.
Verdränger (langer Kiel) langsam, schwer	0,20 bis 0,25	$V_S \times 0,85$ bis $0,80$
Verdränger (Flossenkiel oder Schwert), schlank, rel. leicht	0,20 bis 0,15	$V_S \times 0,80$ bis $0,85$
Halbgleiter	0,15 bis 0,10	$V_S \times 0,85$ bis $0,90$

Je höher die Geschwindigkeitsstufe eines Bootes liegt, um so geringer wird der Nachstromwert und um so mehr nähert sich die Propeller-Anströmgeschwindigkeit der Bootsgeschwindigkeit an. Rennboote bringen es auf 0,03 d. h. die Propeller-Anströmgeschwindigkeit ist nur 3% kleiner als die Bootsgeschwindigkeit.

Komfort und Sicherheit durch Technik

Elektrosystem

Der Motorsegler bietet dank seines starken Motors und des „mehr Raum" als das Segelboot auch für das Elektrosystem günstigere Möglichkeiten. Mit einem von vornherein richtig dimensionierten E-System schafft man die richtige Voraussetzung für vielseitigen technischen Komfort, ohne ständig die Batterien zu überlasten (tiefzuentladen) und ihre Lebensdauer wesentlich zu verkürzen. Das setzt aber schon beim Kauf voraus, die wichtigsten Punkte zu berücksichtigen, sonst heißt es später, ein zu kleines Ladegerät durch ein größeres zu ersetzen, die Batteriekapazität schrittweise zu erhöhen usw.

Das bedeutet aber auch, man muß sich klarmachen, was man in Bezug auf technischen Komfort will und wie man das unter den Bedingungen des bevorzugten Reviers in den Griff bekommt.

Unter Berücksichtigung aller meiner Erfahrungen und Kenntnisse möchte ich Eignern von Motorseglern empfehlen, die Batteriekapazität so zu wählen, daß man 48 Stunden mit mittleren Einschaltzeiten, ohne nachzuladen, über die Runden kommt. Dieser Vorschlag liegt weit über der Mindestkapazität und dem heute üblichen Standard.

Auf die schließlich gewählte Batteriekapazität muß der Hauptgenerator des Motors und die Leistung des Ladegerätes abgestimmt werden. Beide

Die Grundelemente für ein Elektrosystem eines zeitgemäßen Motorseglers. Netztrennung sollte man als Stand der Technik betrachten, da nur so die Startbereitschaft des Motors gesichert ist.
Die ganze Navigation und der elektrische Komfort werden auf das Bordnetz gelegt. Die Batteriekapazität wählt man für eine „Betriebszeit" von 48 Stunden (siehe nächste S.). Ob man eine „alternative Stromquelle" vorsieht, ist revierbedingt. Der hier gezeigte Generator und das Ladegerät haben für jedes Netz einen eigenen Ausgang, so daß keine Sperrdioden eingebaut werden müssen. Bei Ladegeräten mit nur einem Ladeausgang wird ein Batterieschalter eingebaut, mit dem man wahlweise auf Motor- oder Bordnetz umschalten kann.

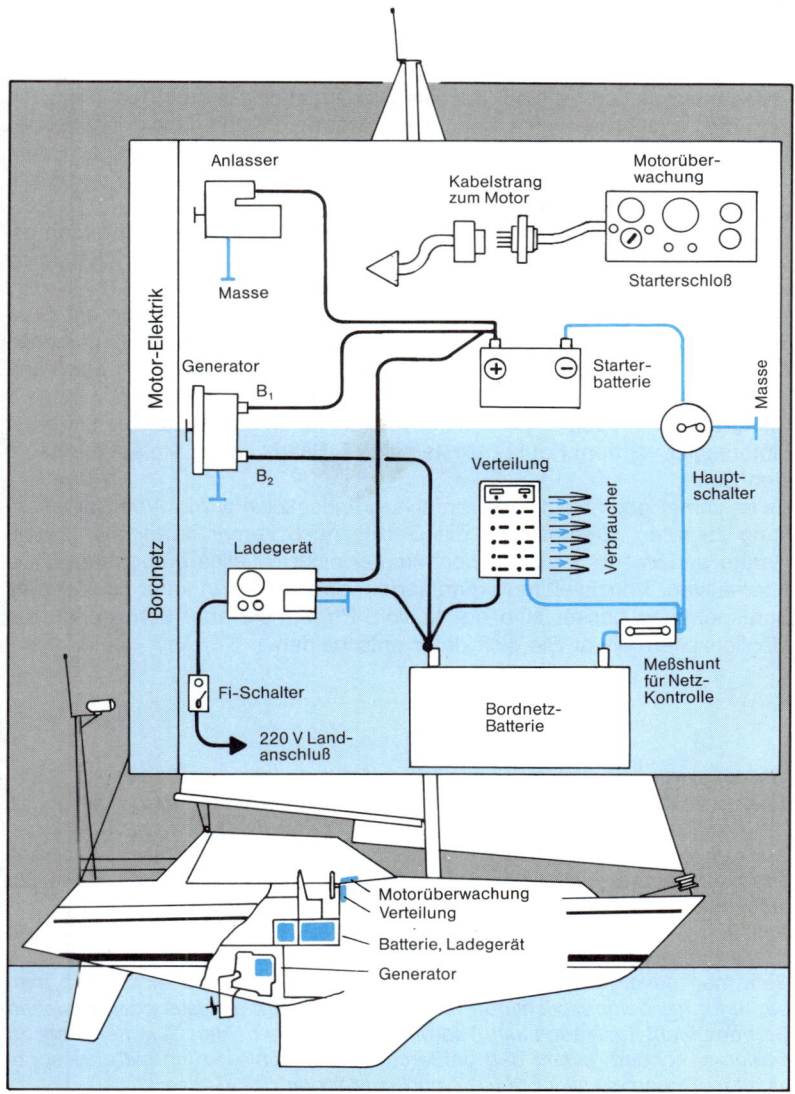

Hafennetze so „dünn" sind, daß die Stegspannung auf ein Maß fällt, mit dem die Ladegeräte nichts mehr in die Batterie bringen. Das genau ist der Punkt, an dem man die sehr große Batteriekapazität gut vertragen kann. Den Batterien geht es dabei ohnehin viel besser und sie danken es mit größerer Lebensdauer (z. B. 4 statt 2 Jahre).

Weitere wichtige Punkte einer zeitgemäßen und für Motorsegler angemessenen E-Anlage sind selbstverständlich die Netztrennung, d. h. das Motor- und das Bord-Stromnetz sind voneinander getrennt.

Die meisten Reviere, auf denen man sein Schiff nicht als eine am Steg festgebundene Gartenlaube verwendet, lassen es auch vernünftig erscheinen, eine „alternative Stromquelle" in Betracht zu ziehen, und das kann auch in unseren Breiten ein Solarpennel sein.

Die Grundkonzeption eines Elektrosystems sehen Sie rechts. Die für jeden Motorsegler vor dem Kauf aufzustellende E-Bilanz finden Sie auf der nächsten Seite.

Es ist immer noch nicht ganz einfach, grundsätzlich zur 24-Volt-Bordspannung zu raten. Erstens sind die Geräte noch immer teurer als 12-Volt-Geräte und zweitens gibt es noch immer nicht für alles brauchbare 24-V-Alternativen. Prinzipiell muß man sagen, daß 24 Volt in jeder Hinsicht als Bordspannung besser sind als 12 Volt. Prüfen Sie aber sehr genau die Möglichkeiten, bevor Sie sich dafür entscheiden.

Nur mit einer einigermaßen realistischen E-Bilanz läßt sich die richtige Batterie-Kapazität einschätzen. Zu kleine Batterie-Kapazität bedeutet kurze Lebensdauer, da zu häufig tiefentladen wird oder die Batterie in zu weit entladenem Zustand stehenbleibt. Für Motorsegler ist der Standard eine Auslegung der Bordnetzkapazität auf einen „mäßigen" 24-Stunden-Betrieb. Meines Erachtens nach liegt man richtig, wenn man das verdoppelt.

Natürlich ist die Beurteilung der Einschaltzeiten ein Problem. Die Tabelle rechts gibt einige Anhaltswerte.

Geht man davon aus, daß der Komfortstrom nicht benutzt wird, wenn man Strom für die betriebswichtigen Verbraucher benötigt und aus irgendwelchen Gründen nicht nachladen kann, so braucht man die beiden Summen nicht zu addieren, sondern nimmt den größeren Wert, multipliziert ihn mit dem sogenannten Sicherheitsfaktor von 1,7 und verdoppelt das Ganze.

E-Bilanz (12 Volt)				
Verbraucher	**Leistung**	**Strom**	**Einschalt-zeit**	**Strom-bedarf**
	(W)	**(A)**	**(h)**	**(Ah)**
betriebswichtige Verbraucher				
Seitenlichter	25	2,1	8	17
Dampferlicht	25	2,1	8	17
Hecklicht	10	0,8	8	6,4
Kompaß-Beleuchtung	5	0,45	8	3,6
Instrumenten-Beleuchtung	10	0,8	8	6,4
Navigationssystem	12	1,0	24	24
Echolot	10	0,8	4	3,2
Radio	24	2	4	8,0
Log	12	0,2	24	4,8
Mindeststrombedarf*)				**90,4 Ah**
Komfortverbraucher				
Ankerlaterne	10	0,8	8	6,4
Kojenleuchte (vorne)	2 × 10	1,6	1	1,6
Kojenleuchte (achtern)	10	0,8	1	0,8
Salon-Eckleuchte	10	0,8	1	0,8
Salonleuchte Mitte	10	0,8	1	0,8
Pantry	10	0,8	1	0,8
Kartentisch	10	0,8	1	0,8
Kühlschrank	60	5	12	60,0
Heizung	60	5	12	60,0
Komfortstrombedarf				**132 Ah**
Kapazität **(90,4 + 132) × Sicherheitsfaktor 1,7 = Batteriekapazität**				**378 Ah**

*) Daraus läßt sich die Mindestkapazität errechnen, die so groß sein muß, daß sie die betriebswichtigen Verbraucher 8 Stunden versorgt (90,4 × 1,7 = 154 Ah). Den Navigations-Computer muß man mit 24 Stunden einsetzen.

Generatoren und Stromaggregate

Normalerweise wird der Hauptmaschinen-Generator auf 10 bis 15% der Batteriekapazität ausgelegt, so daß man in 10 bis 6 Stunden die Batterien laden kann. Wenn man aber ab einer bestimmten Größe Tiefkühltruhe, Hydraulik-Aggregat für Winschen, E-Herd und sonstiges elektrisch-elektronisches Gerät auf See voll genießen will, wird man ohne laufende Hauptmaschine nicht auskommen, es sei denn, man hat einen Jockel an Bord. Bis 2 oder 3 kW gibt es die „preiswerten" mobilen Benzinaggregate. Ihr Nachteil ist der zusätzliche, leicht entflammbare Treibstoff, der zusätzliche Reservekanister und das Geklecker beim Umfüllen. Man kann aber auch hier aus der Not eine Tugend machen und die mobilen Geräte fest einbauen, muß aber einige wesentliche Dinge beachten, wie sie in der Skizze S. 132 dargestellt sind.

Für größere Motorsegler gibt es dieselbetriebene Stromaggregate, deren Leistung nach oben nicht begrenzt ist. Das kleinste wiegt 100 kg und damit ist die Größenordnung schon festgeschrieben.

In dieser Kategorie lohnt sich dann allerdings schon bei Einzelbauten die Überlegung des Vater-Sohn-Antriebs in Kombination mit einem großen Generator oder ähnlichem.

Stromwandler

Das sind Geräte, die Batteriestrom auf 220-V-Wechselstrom umwandeln. Man bekommt sie heute häufig kombiniert mit dem Ladegerät unter der Bezeichnung Ladewandler. Die Kombination ist preiswerter als die getrennten Geräte. Die Verwendung ist auf jeden Fall notwendig, wenn man 220-Volt-Geräte auf See betreiben will, und keinen 220-V-Ausgang am Jockel hat.

Sonst muß man entscheiden, ob man eine 220-V-Steckdose auf See für notwendig hält. Vorteil: Man kann Landgeräte betreiben (Föhn, Zahnbürste, Fernsehgerät, usw.). Bedenken muß man, daß der Wandler auch einen Wirkungsgrad hat.

Prinzipiell muß man zwei Arten unterscheiden:

Umformer, die rechteckförmigen Wechselstrom erzeugen; sie sind die preiswerte Lösung für Leistungen bis ca. 1000 Watt und haben recht gute Wirkungsgrade von 95%. Nachteil: Man kann nur ohmsche Verbraucher betreiben (z. B. Föhn, Kocher, Zahnbürste aber keinen Fernseher).

Die andere Kategorie der Wandler erzeugt richtigen, sinusförmigen Wechselstrom, so wie er an Land aus der Steckdose kommt. Sie sind teurer, haben sehr schlechte Wirkungsgrade von nur 60−70%, das heißt, man verschwendet sehr viel von dem mühsam in die Batterie geladenen Gleichstrom. Bei der Anschaffung solcher Geräte muß man sehr genau überlegen, wie weit man mit dem Komfort geht. Wer an Bord fernsehen will, sollte lieber ein 12-V-Gerät beschaffen als einen Umformer kaufen.

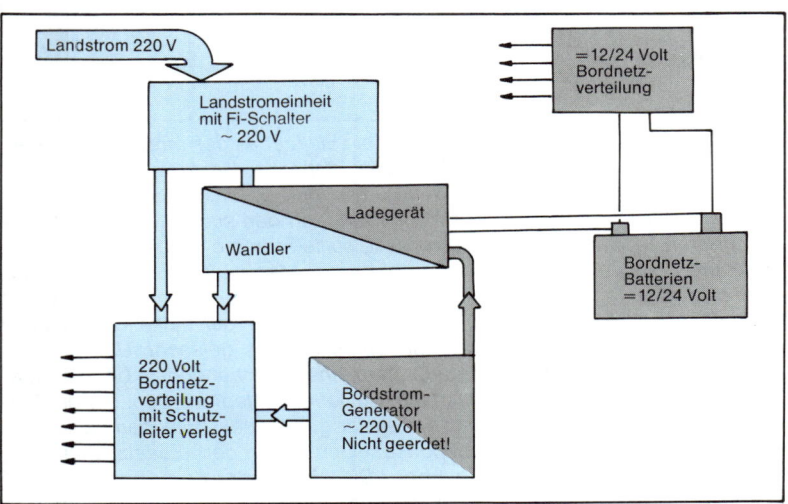

So kann ein Komfortnetz mit 220 V Wechselstrom aufgebaut werden, um in den Genuß aller 220-V-Geräte zu kommen. Wichtig ist auch hier eine genaue Kapazitätsrechnung für die Abstimmung Generator − Wandler − Ladegerät. Vor allem bedarf so eine Anlage bereits der richtigen Planung mit dem Konstrukteur, einem guten Yachtelektriker und der Werft.

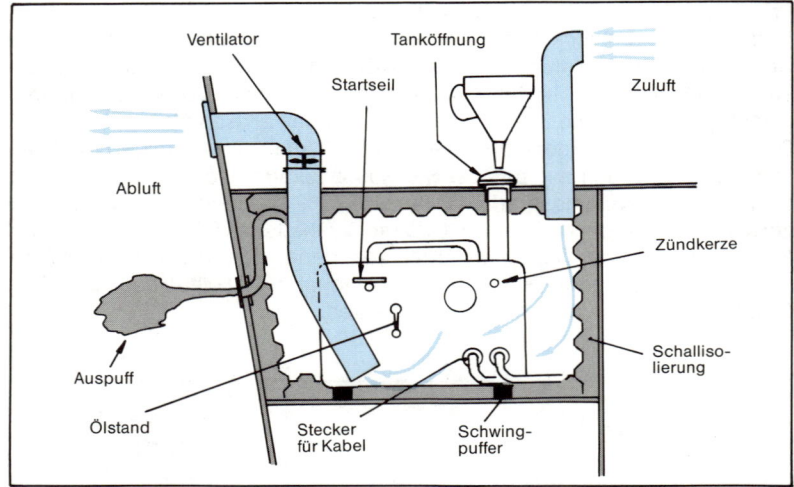

Ein Diesel-Generatorsatz wiegt nicht nur ein Vielfaches des mobilen luftgekühlten Benzin-Aggregats, er kostet auch das Vielfache. Um zu viel wilde Bastelleien zu verhindern, finden Sie rechts den Einbauvorschlag eines mobiles Generators aus BOOTE-WERKSTATT. Wenn man den zusätzlichen, leicht entflammbaren Kraftstoff an Bord akzeptiert, sollte man die Mobilität des Aggregats durch Einbau in eine Backskiste abbauen. Man muß das Ganze wie eine eigene Motoranlage sehen. Die Backskiste wird mit 5−7 cm dickem Schallschluckmaterial ausgekleidet und der Generatorsatz auf dicke Gummipuffer oder Schwingmetalle gestellt und mit Gummistropps gelascht. Um den Auspuff nach draußen zu führen, braucht man einen Schwanenhals bis zur Unterkante Hauptdeck. Er muß aus flexiblem Schlauch verlegt werden, der die Temperatur ab kann. Es muß mit dem Hersteller geklärt sein, welchen Durchmesser und welche Länge dieser Auspuffschlauch haben darf. Zusätzlich muß für ausreichende Kühlluft gesorgt werden. Die Menge der Kühlluft in m³/h muß ebenfalls vom Hersteller genannt werden. Diesen Luftwechsel bringt man natürlich nur zustande, wenn ein ausreichend großer Sauglüfter eingebaut wird. Es empfiehlt sich auch, den Tankverschluß durch das Schott zu führen, um ohne viel Kleckerei nachtanken zu können. Außerdem muß der Generator so plaziert sein, daß man gut an das Startseil, den Ölmeßstab und die sonstigen Armaturen und Wartungspunkte heran kann.

Technischer Komfort

Unter technischem Komfort beim Motorsegler versteht man ab etwa 8,50 m aufwärts elektrische Lenzpumpe, Kühlschrank, Druckwasseranlage, Heizung, Warmwasser, Musikanlage, Navigationscomputer (siehe Navigation) und ab 11 m aufwärts zusätzlich elektrische Ankerwinsch, Bugstrahlruder, Autopilot u. U. elektrisch oder elektro-hydraulisch betriebene Reffeinrichtungen und Winschen.
All diese Geräte brauchen Strom und/oder Gas.
Wer sich für Gas entscheidet, hat für Kocher, Heizung und Warmwasser

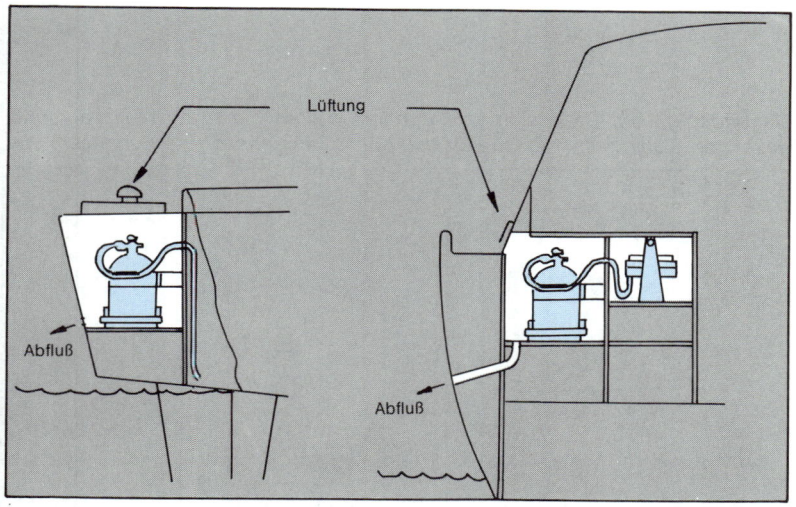

Es ist unbestritten, daß Gas sowohl für Kocher, Backofen, Heizung und Warmwasser-Bereitung einen enormen Komfort bietet, da die Verbrennung geruchlos und geräuschlos vonstatten geht. Sicherheit erreicht man aber nur mit einer richtig installierten Anlage und durch Kauf von soliden Geräten mit Zündsicherung sowie korrekter Handhabung und regelmäßiger Prüfung der Anlage.

eine sehr bequeme Lösung, sollte aber von den Sicherheitseinrichtungen überzeugt sein. Reparaturen dürfen nur vom Fachmann ausgeführt werden (Gasmann)! Außerdem muß die Anlage mindestens einmal jährlich zu Saisonbeginn ganz gründlich überprüft werden. Die wichtigsten Punkte für eine Gasanlage finden Sie rechts.

Hat man kein Gas an Bord, betreibt man den Kocher in der Größenordnung bis 16 m Länge mit Petroleum. Das warme Wasser bereitet man mit dem Motor auf (im Hafen hat man die Landdusche) usw.

Kühlschränke und Tiefkühltruhen haben Speicherplatten und halten dann

Unabhängig vom Brennstoff des Kochers sollten die in der Skizze rechts gezeigten Sicherheitsabstände für den Kocher eingehalten werden, nach GL.

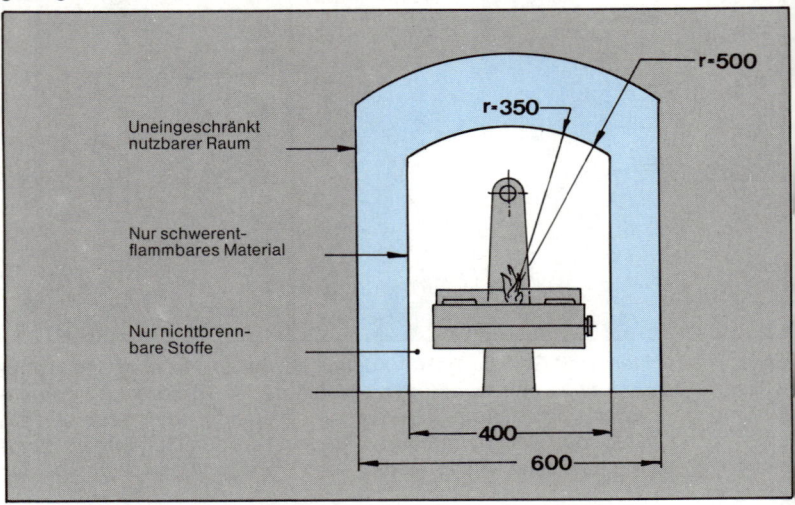

die Temperatur über 24 Stunden. Das gibt der Batterie für den ersten Tag nach dem Auslaufen eine Verschnaufpause. Man kann aber unterwegs beim täglichen Nachladen mit Motor und ausreichender Ladekapazität des Generators die Speicherplatte gleich mit herunterkühlen, so daß die Batterie vom Kühlschrank praktisch nicht belastet wird. Und im Hafen hängt er ohnehin am Ladegerät oder hat einen 220-V-Umschalter.
Die Warmluftheizung schlägt in der Übergangszeit mit etwa 12 Stunden Einschaltzeit ganz schön auf die Batterie-Kapazität, ist aber in unseren Breiten nicht als Luxus zu betrachten. Sie gehört einfach dazu.

Warmwasser kann man über einen Wärmetauscher mit Motorkühlung oder/ und einer kombinierten Warmluftheizung bereiten. Der technische Aufwand ist bei Neuanschaffung wesentlich geringer als bei nachträglichem Einbau.

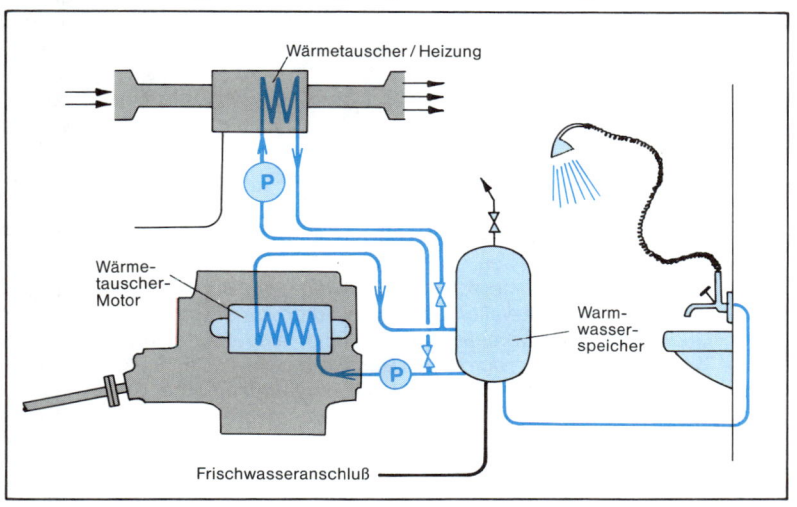

Wärmetauscher / Heizung

P

Wärme-
tauscher-
Motor

Warm-
wasser-
speicher

Frischwasseranschluß

Bugstrahlruder

Ob man ein Bugstrahlruder braucht, hängt im wesentlichen von den Manövriereigenschaften des Bootes und unter Umständen von den Gegebenheiten des Reviers bzw. der Häfen ab. Bei Yachten über 11 m ist es in vielen Häfen eine Hilfe. Heute werden im Prinzip zwei Arten angeboten, die rechts dargestellt und beschrieben sind.

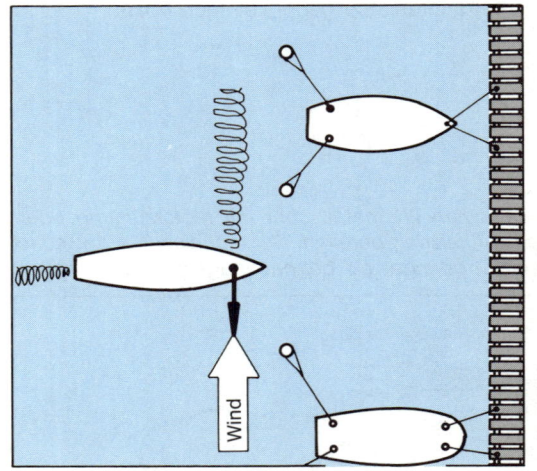

Wer ein großes Schiff mit kleiner Crew fährt, weiß wie haarig Anlegemanöver in engen Häfen sein können, besonders bei Wind quer. Das Bugstrahlruder drückt dann gegen den Wind, und das „Einparken" wird zum Kinderspiel.

Bugstrahlruder sind eine in zunehmendem Maß beliebte Manöverhilfe für ▶
große Yachten in engen Häfen.
Prinzipiell werden zwei unterschiedliche Arten von Bugstrahlrudern angeboten. Der Antrieb erfolgt elektrisch oder elektrohydraulisch.
Unten: Quer durch das Vorschiff ist ein Kanal eingebaut, durch den eine Pumpe Wasser nach Steuerbord oder Backbord pumpt. Nachteil: Die beiden Löcher sind in Fahrt nicht verschließbar (Widerstandserhöhung).
Oben: Der Propeller wird mit dem Schaft ausgefahren und schiebt durch Links- oder Rechtslauf nach Steuerbord bzw. Backbord.
Vorteil: Loch in Fahrt verschlossen.
Nachteil: Relativ aufwendig und entsprechend teuer.

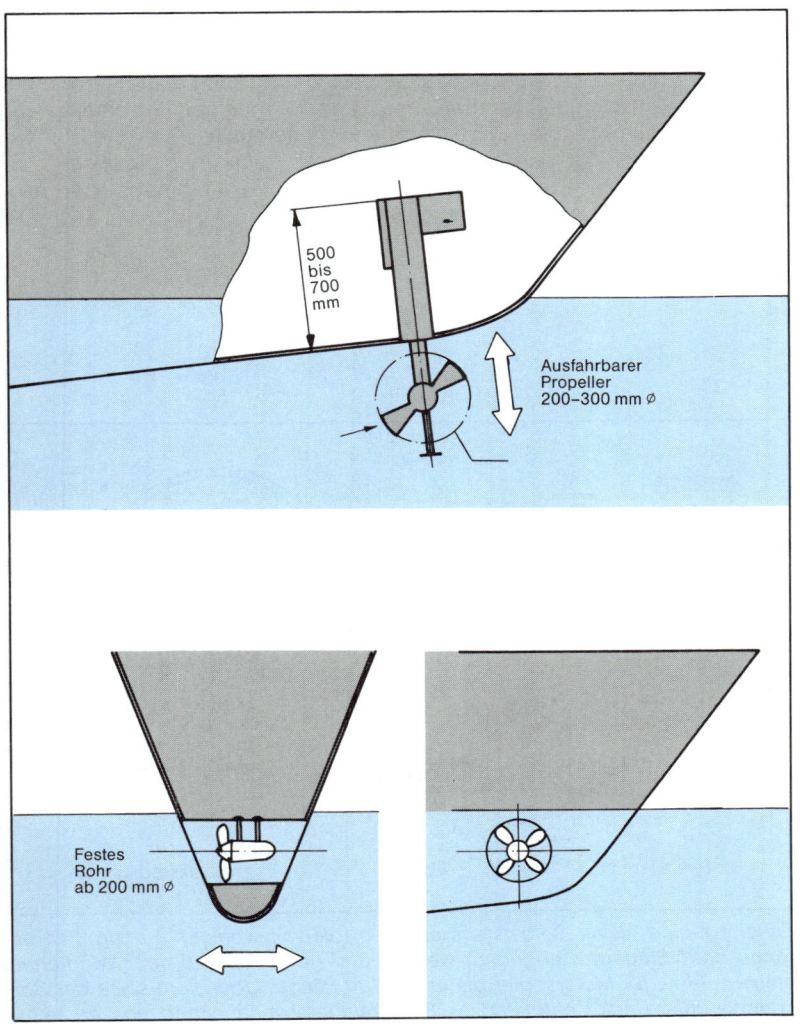

500
bis
700
mm

Ausfahrbarer
Propeller
200–300 mm ⌀

Festes
Rohr
ab 200 mm ⌀

Autopilot

Eine elektrische Selbststeueranlage, die wind- und kompaßabhängig steuert, sollte man sich auf jeden Fall anschaffen, da man bei Verwendung von
Rollreff-Anlagen ein gutes Segelgleichgewicht herstellen kann, die Rümpfe
gut auf dem Ruder liegen, und man somit keine Komplikationen zu
befürchten hat. Der Komfortgewinn ist groß und der Automat steuert alle-
mal besser als die kleine Crew.

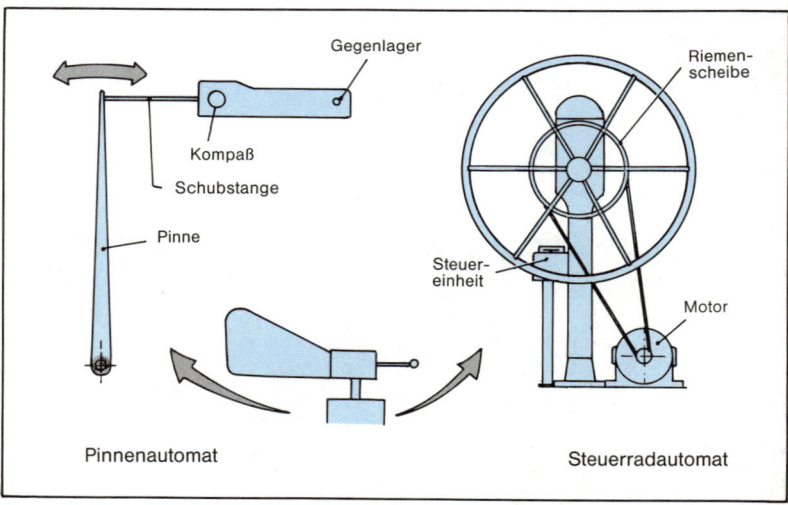

Es gibt einige kleine Selbststeueranlagen, die mit wenigen Handgriffen an
Pinne oder Steuerrad angebaut werden und über Kompaß oder Windfahne
steuern. Ideal für Motorsegler bis etwa 11 m Länge. Über 11 m sollte der Ser-
vomotor unter Deck stehen und die Steuereinheit am Fahrstand montiert sein.

Steuerstand, Cockpit und Elektronik

Auf dem eingedeckten Steuerstand eines Motorseglers ist die elektronische Ausstattung besser geschützt als auf Yachten mit offenem Cockpit. Auf Segelyachten konzentriert sich ein Großteil der Elektronik und Navigation auf den Kartentisch unter Deck. Steuermann oder Navigator werden durch diese Teilung zu Pendlern oder beschränken sich auf wenige Töchter der vorhandenen Instrumente. Töchter kosten aber nicht nur viel Geld, es gibt gar nicht für alle Geräte „Nebenstellen".

Auf Motorseglern kann man das besser gestalten. Man hat sowohl den Radarschirm wie den Navigationscomputer* „an Deck". Auf diese Weise teilt sich der Deckssalon in einen Wohnbereich und das „Cockpit" mit Kartentisch und der gesamten Navigationsausrüstung.

Im Prinzip ist es genau das, was auf Motoryachten normal ist. So glücklich diese Integration auch sein mag, so gilt es doch zu bedenken, daß der Navigator zeitweise „konzentriert arbeiten" muß und der Steuermann bei Nachtfahrt nicht von ständigem „Licht ein", „Licht aus" blind gemacht wird (Rotlicht).

Der Deckssalon wird auf diese Weise zum technisch voll ausgestatteten Cockpit und, wenn ein zweites Ruder in der Plicht steht, wird dort nur das Notwendigste installiert.

Der Eigner muß sich dann überlegen, ob der Steuermann draußen die Windmeßanlage und andere Geräte braucht oder ob sie so installiert werden können, daß man die Werte von beiden Positionen ablesen kann (Displays mit großen digitalen Werten).

Auch das ist zu planen, und da man beispielsweise mit zwei normalen Steuerkompassen zwei Steuertabellen braucht, so ist auf Motorseglern auf jeden Fall zu Fluxgate-Anlagen mit Töchtern zu raten, da diese Komplikation dann entfällt. Überhaupt sollte der Eigner des Motorseglers, der gerne fährt, alle Annehmlichkeiten des elektronisch-navigatorischen Komforts in Anspruch nehmen. Das heißt Fluxgate-Kompaß mit Anzeige des Durch-

*Navigationscomputer ist der Sammelbegriff für Decca, Loran C- oder SAT-NAVs.

schnittskurses über Interface mit digitalem Log und dem Navigationscomputer gekoppelt, ein ebenfalls digitales Windmeßsystem mit großen Einzeldisplays und der Anzeige des wahren Windes und vieles mehr. Allerdings muß man die Sicherheit dieses Komforts mit einer wirklich gut dimensionierten und solide installierten Elektroanlage erkaufen. So abgedroschen das in dieser Zeit auch klingt, die Kinken liegen meist nicht in der Elektronik, sondern schlicht und einfach in der primitiven Elektrik.

Ich habe hier absichtlich die Zentral-Computer, Plotter, Wetterkarten-Schreiber und die Kommunikationselektronik ausgeklammert. Zur Zeit ist

So sieht das Steuer- und Navigationssystem eines modernen Motorseglers mit ▶ *zwei Steuerständen aus. Der zweite Steuerstand bedeutet nicht grundsätzlich nur Komfort. Er ist auch, wenn er komfortabel sein soll, entsprechend teuer. Es ist nicht mit dem zweiten Ruder allein getan, man braucht eine zweite Schaltung, möglichst ein zweites Startschloß, eine Kompaßtochter und diverse sonstige Anzeigen.*

Viel Komfort bringt eine Verbindung von Navigationscomputer, Log und Kompaß, da der Rechner dann immer mitkoppelt.

Die Verbindung von Log, Kompaß und Windmeßanlage führt ebenfalls zu einer wesentlichen Vereinfachung der Navigation, da die eingebauten Rechner den wahren Wind anzeigen, was das Denken über den scheinbaren Wind vereinfacht.

Die Verbindung von Autopilot und Navigationsgeräten ist ebenfalls von großem Nutzen, man spart Navigations- und Denkarbeit.

Noch nicht eingezeichnet ist der Zentralcomputer, der auch noch Motor und Elektrik in das System einbindet. Es gibt sie schon und sie werden vermutlich „ab morgen" zuhauf auf dem Markt sein. Es gibt, was das Deckshaus und den Steuerstand betrifft, eine Entwicklung auf dem Motorsegler-Sektor, die, zumindest in der Länge von 8 bis 12 m, eine preiswerte und raumsparende Version darstellt, da sie im Deckssalon, mit einer Teilpersenning, die Vorteile des offenen Cockpits und des geschlossenen Deckshauses verbindet (siehe dazu CR 44 und Coronet-Elvström).

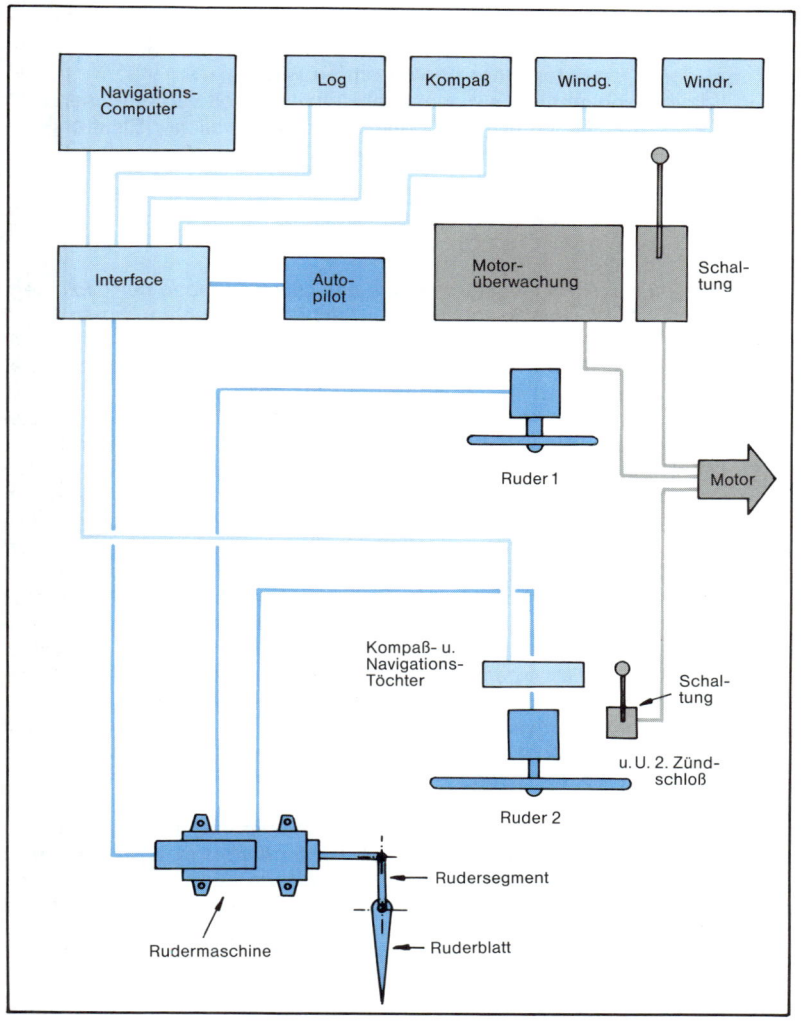

die ganze Elektronik, ich meine die für „gehobene Ansprüche", noch bedienungsunfreundlicher als das, was durch die weit verbreitete „Betriebsblindheit" auf dem Computersektor hervorgerufen wird.
Ich will diese Problematik an dieser Stelle nicht zu weit vertiefen, sondern nur davor warnen, sich mit zu viel bedienungsunfreundlicher Elektronik zu umgeben, denn nur das richtige Maß bietet wirklichen Komfort.

Den Coronet/Elvström 38 könnte man als den „ältesten modernen Motorsegler" bezeichnen. Die Konstruktion existiert seit über 10 Jahren und so lange wird diese Yacht auch in Serie gebaut. Veränderungen haben nur im Detail stattgefunden. Es ist nicht der Wulstbug, der diesen Motorsegler auszeichnet und am Leben erhält, es ist das Konzept. Ganz entgegen der auch damals vorherrschenden Meinung, ein Motorsegler müsse unbedingt zwei Steuerstände haben, hat der CE 38 nur einen Fahrstand. Was der Konstrukteur erreichte, ist sehr positiv: ein vorzügliches Styling und für die Enge einen ungewohnt großzügigen Lebensraum, da das „Deckshaus" voll integriert ist. Der Vorzug dieser Deckshaus-Konstruktion liegt in der Verwendung einer Teilpersenning, so daß man je nach Wetter volle „Cabrio-Vorzüge" genießen kann. Das Schiff müßte 1 m länger sein, um gleichen Komfort bezogen auf „Lebensraum" zu haben. Trotz dieser räumlichen Vorzüge hat der Konstrukteur Paul Elvström (einer der erfolgreichsten Regatta-Segler aller Zeiten) die Segeleigenschaften in keiner Weise eingeschränkt. Das Rigg ist leicht bedienbar, vom Steuerstand hat man gute Sicht in die Segel, und wer sich in die Sonne legen will, kann das auf dem Sonnendeck über der Achterkajüte tun.
Ich glaube, niemand zweifelt daran, daß der CE 38 ein Motorsegler ist, obwohl die Standard-Motorisierung mit 27 kW an der für Motorsegler unteren Grenze liegt. Es werden aber auf Wunsch, wie bei allen anderen Yachten, auch stärkere Motoren angeboten.
Die rechts genannte Wasserlinienlänge von 8,81 m bezieht sich auf den Rumpf, mit Wulstbug beträgt die Wasserlinienlänge 10,11 m. Man kann aber die volle Länge nicht als wirksame Wasserlinienlänge für Vergleichswerte einsetzen. Der Vorteil des Wulstbugs liegt in einem Geschwindigkeitsbereich von 3 bis 5 kn. In diesem Geschwindigkeitsbereich senkt der Wulstbug den Wellenwiderstand und macht das Schiff schneller.
Darüber hinaus bringt er keine Vorteile, wenn man von einer möglichen Dämpfung im Seegang absieht.

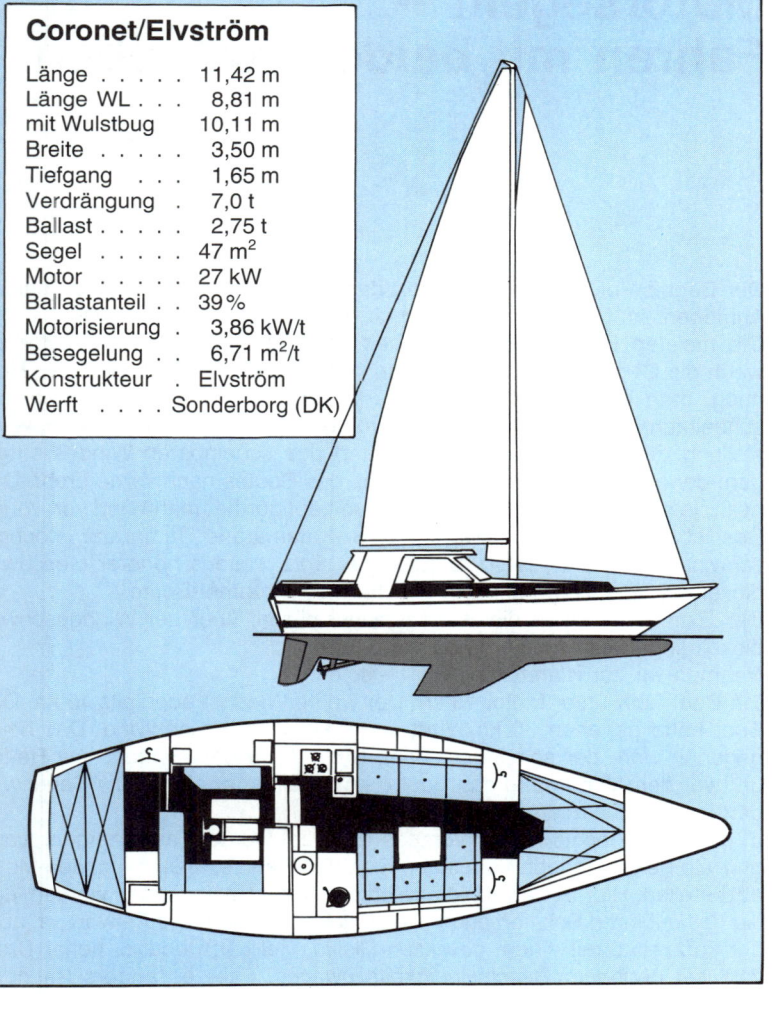

Coronet/Elvström

Länge . . . . . 11,42 m
Länge WL . . . 8,81 m
mit Wulstbug 10,11 m
Breite . . . . . 3,50 m
Tiefgang . . . 1,65 m
Verdrängung . 7,0 t
Ballast . . . . . 2,75 t
Segel . . . . . 47 m^2
Motor . . . . . 27 kW
Ballastanteil . . 39 %
Motorisierung . 3,86 kW/t
Besegelung . . 6,71 m^2/t
Konstrukteur . Elvström
Werft . . . . Sonderborg (DK)

Motorsegeln –
Fahren mit beiden Antrieben

Der Begriff Motorsegeln suggeriert den gleichzeitigen Einsatz von beiden Antrieben. Im großen und ganzen ist die Wirklichkeit aber anders. Die meisten Eigner segeln wenn es geht, und schalten den Motor zu, wenn die Bedingungen unter Segeln nicht ausreichend gut sind. Die Hoffnung, man könne beide Antriebe addieren und dann wirtschaftlich und schnell fahren, ist eine Illusion. Als größtes Handikap steht dieser Idealvorstellung des Motorsegelns die Eigenart des scheinbaren Windes entgegen, der bei Geschwindigkeitszuwachs des Bootes nach vorne dreht. Das heißt, je schneller das Boot fährt, um so häufiger hat man Wind von vorne. Das ist auch der Grund, warum z. B. Katamarane, Trimarane, Hochgeschwindigkeitssurfer, ja sogar Eissegler trotz weitaus höherer Geschwindigkeit weniger Weg nach Luv machen als Einrumpf-Boote.
Der Extremfall: Wenn die Bootsgeschwindigkeit über der Windgeschwindigkeit liegt, hat man nur Wind von vorne.
Nehmen wir zur Klarstellung ein Beispiel:
Ein Boot fährt unter Motor 15 kn. Der wahre Wind ist ebenfalls 15 kn. Das Boot hätte gegenan 30 kn Wind und 0 kn scheinbaren Wind. Das heißt, gegenan wäre der scheinbare Wind 6 bis 7, gleichbedeutend mit Reffen und vor dem Wind hätte das Boot 0 kn scheinbaren Wind. Die Segel würden in der scheinbaren Windstille schlagen.
In der Grafik rechts ist der Versuch gemacht worden, aufzuzeigen, wann und wie beide Antriebe Vorteile bringen und wann es besser ist, den Motor abzustellen. Hier ist der Punkt erreicht, wo viele Segler sagen werden, daß sie das mit ihren Schiffen auch alles machen können. Die Antwort: ja, aber nur kurzzeitig, mit einem gewissen Risiko, viel Lärm und zu hoher Drehzahl bei geringem Geschwindigkeitszuwachs. Falls es anders ist, dann

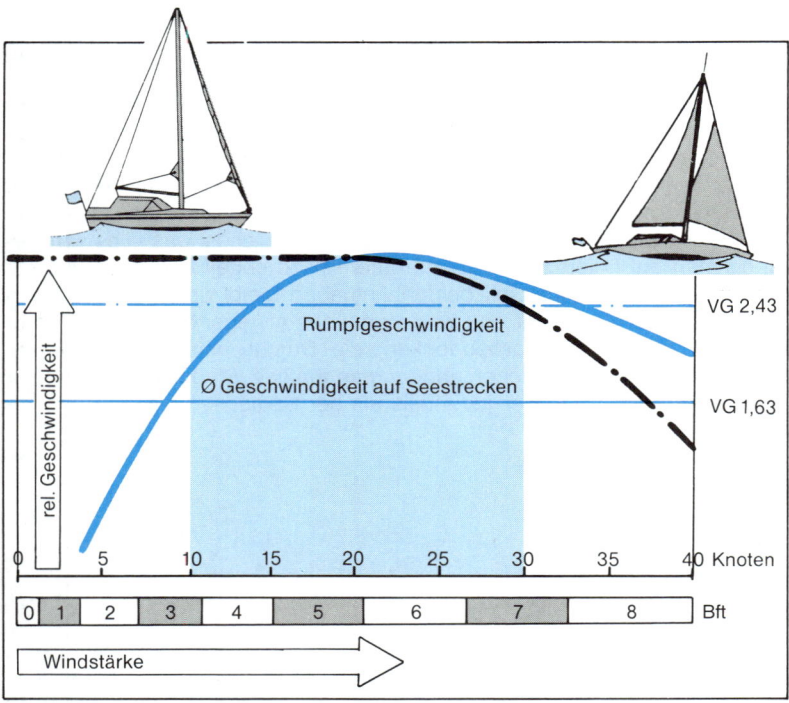

Realistisch betrachtet sind Motorsegler Verdränger und werden es vorerst bleiben. Unter dieser Voraussetzung stellt sich der Einsatz der beiden Antriebe etwa wie in der Grafik oben dar. Mit Motor könnte man (bis ca. 25 kn Wind) auf allen Kursen fast volle Geschwindigkeit fahren. Unter Segeln beginnt das Fahren etwa mit 5 bis 8 kn Wind. Ab ca. 25 kn Wind aufwärts ist man wahrscheinlich schneller als mit Motor (außer gegenan!). Fährt man (ohne Verstellpropeller) mit beiden Antrieben gleichzeitig, so ist unter 15 kn Wind ein starker Geschwindigkeitszuwachs möglich. Für alle Windstärken bis etwa 40 kn gilt: Man kann etwas höher anliegen, wenn der Motor mitläuft. Schneller wird man fast nicht (außer bei wenig Wind). Bleibt festzustellen, daß Motoren bei Wind zwischen 10 und 30 kn wenig Sinn hat, es sei denn, das Ziel liegt in Luv und muß schnell erreicht werden.

145

handelt es sich um einen verkappten Motorsegler, dem der eingedeckte Steuerstand und der damit verbundene Komfort fehlt.

Man kann, sofern es der Winkel zum Wind zuläßt, mit dem Motor immer so viel dazutun, daß man bei leichten Winden den scheinbaren Wind so weit steigert, daß man anliegen kann und daß man nicht reffen muß. Bei Winden von etwa 15 kn aufwärts läßt sich die Höhe am Wind meist noch steigern, d. h. man verbessert die Geschwindigkeit nach Luv, ohne den scheinbaren Wind zu sehr zu erhöhen. Natürlich ist das alles sehr fiktiv, da man auf freien Strecken und gutem Wind segelt und im Revier mit Motor fährt. Das Fahren mit beiden Antrieben bleibt deshalb auch beim Motorsegler ein Sonderfall, nur wird man einen Anlieger häufiger mit Motor erzwingen und, ohne nachzudenken, die Durchschnittsgeschwindigkeit einer längeren Reise anheben, indem man mäßige Winde und Flauten mit Motor überbrückt. Häufiger jedenfalls als der Segler.

Die Classic 41 ist ein Motorsegler mit traditionellem Äußeren, weichen Linien und wohldurchdachter solider und moderner Technik. Erbauer und Konstrukteur haben hier mit viel Engagement einen Schiffstyp entwickelt, der nach eigener Einschätzung das Optimum an Seetüchtigkeit, Robustheit, Stil und Fahreigenschaften im Seegang verkörpert. Vielem kann man zustimmen. Auf alle Fälle wird hier sehr konsequent ein traditioneller Motoseglertyp in Längen bis 20 m in guter Qualität gebaut, bei dem man sich hundertprozentig zu der hohen relativen Verdrängung (15,4) bei großer relativer Segelfläche (4,23), breitem Heck und starkem Motor mit Verstellpropeller bekennt. Das große Deckshaus aus Teak und der mit Teak ausgebaute Stahlrumpf mit weichem S-Spant mit der umfangreichen, soliden Ausstattung ermöglichen ein sehr komfortables Leben auf See und im Hafen. Durch Reffanlagen ist das Kutter-Ketsch-Rigg auch mit kleiner Crew auf großem Törn leicht zu beherrschen. Große Tanks sorgen für größtmögliche Unabhängigkeit, und das Cockpit hinter dem Deckshaus ist bewußt so hoch gelegt, daß man ohne Verrenkungen gute Sicht nach vorn hat.

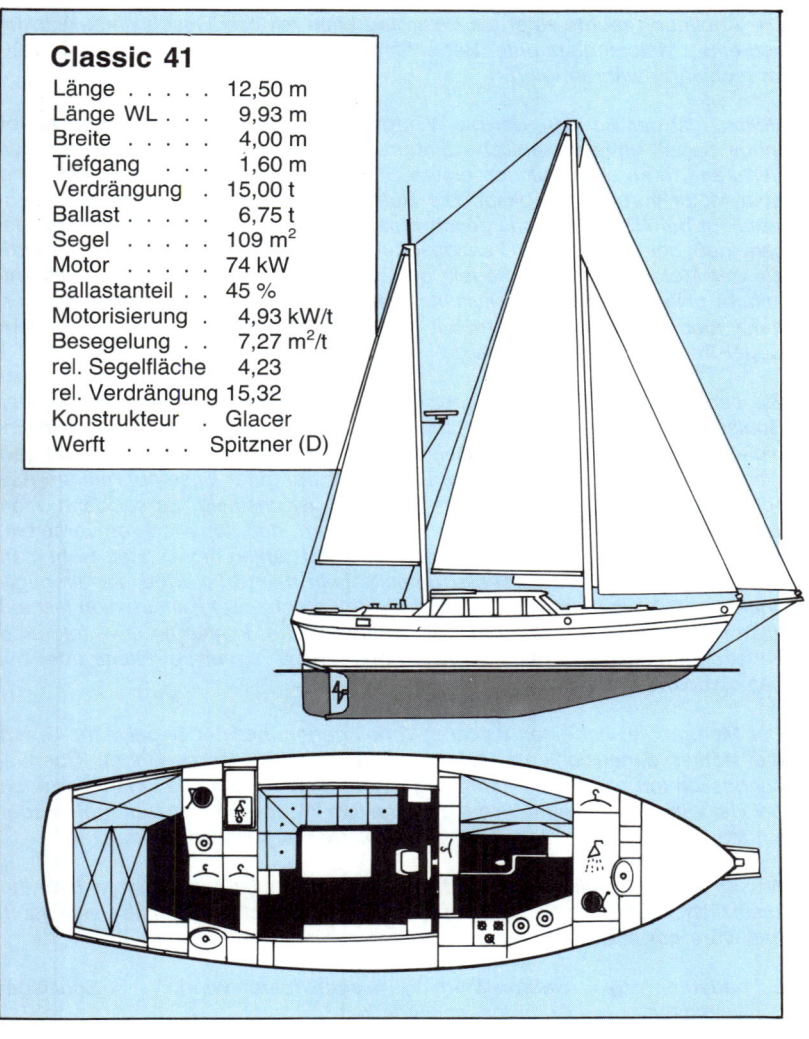

Classic 41

Länge	. . . . .	12,50 m
Länge WL	. . .	9,93 m
Breite	. . . . .	4,00 m
Tiefgang	. . .	1,60 m
Verdrängung	. .	15,00 t
Ballast	. . . . .	6,75 t
Segel	. . . . .	109 m²
Motor	. . . . .	74 kW
Ballastanteil	. .	45 %
Motorisierung	. .	4,93 kW/t
Besegelung	. .	7,27 m²/t
rel. Segelfläche		4,23
rel. Verdrängung		15,32
Konstrukteur	.	Glacer
Werft	. . . .	Spitzner (D)

Die Abbildung rechts zeigt ein Polardiagramm mit drei Geschwindigkeitskurven eines Motorseglers unter Segel für 10 (blau gepunktet), 15 (blau) und 20 kn (schwarz) wahren Wind.

Hellblau ist der Bereich, der bei Windgeschwindigkeiten bis 15 kn mit Motor (ohne Segel) ohne wesentliche Einbuße durch Wind und Welle erreicht werden kann. Man sieht auf den ersten Blick, daß der Sektor bis 30° am Wind dem Motor vorbehalten bleibt. Die Rumpfgeschwindigkeit dieses Motorseglers liegt bei 75% der Höchstgeschwindigkeit. Die Motorleistung ist so bemessen, daß bei Vollgas die Grenzgeschwindigkeit des Rumpfes erreicht wird, die der Motorsegler unter Segeln bei 20 kn auf raumem Kurs fährt. Das entspricht einer Geschwindigkeitsstufe von 3,25 − ein Grenzwert, der nur von ganz modernen Motorseglern mit spezifisch leichtem Rumpf und großem Segel-Tragvermögen erzielt wird.

Sie sehen die Eigenart des scheinbaren Windes, der bei Vergrößerung der Bootsgeschwindigkeit immer nach vorne dreht. Je mehr man die Geschwindigkeit steigert, um so weiter müßte man abfallen, was dann wiederum den Weg nach Luv verkleinern würde. Den Motor bei guter Brise auf raumen Kursen oder vor dem Wind mitlaufen zu lassen, ist unsinnig. Es sei denn, man kann die Bootsgeschwindigkeit so weit steigern, daß der Wind von vorne einfällt, was wiederum nur bei sehr geringen Windstärken möglich ist. Geht man davon aus, daß ein Motorsegler unter Segeln bei 15 kn Wind die ausgeglichensten Fahreigenschaften hat und bei entsprechender Konstruktion fast auf allen Kursen nahe der Rumpfgeschwindigkeit fährt, kann man etwa folgende Faustregel aufstellen: Das Zuschalten des Motors ist nur bei Flaute oder bei ganz wenig Wind sinnvoll.

Der Motorsegler hat einen weiteren Vorteil gegenüber der Segelyacht. Durch die stärker dimensionierte Maschine sowie den entsprechenden Überwachungskomfort bietet die Motoranlage mehr Sicherheit, so daß man sich auch bei viel Wind entschließen kann, auf direktem Wege gegenanzudampfen oder mit stark verkleinerter Segelfläche und Motor nach Hause zu kreuzen.

Wissen muß man allerdings, daß der starre Propeller, wann immer man ihn zusätzlich zuschaltet, in einem sehr unwirtschaftlichen Teillastbereich läuft, das wäre nur mit einem Verstellpropeller zu ändern.

Es bedeuten: V_W = wahrer Wind, V_A = scheinbarer Wind, V_S = Schiffsgeschwindigkeit, V_R = Rumpfgeschwindigkeit

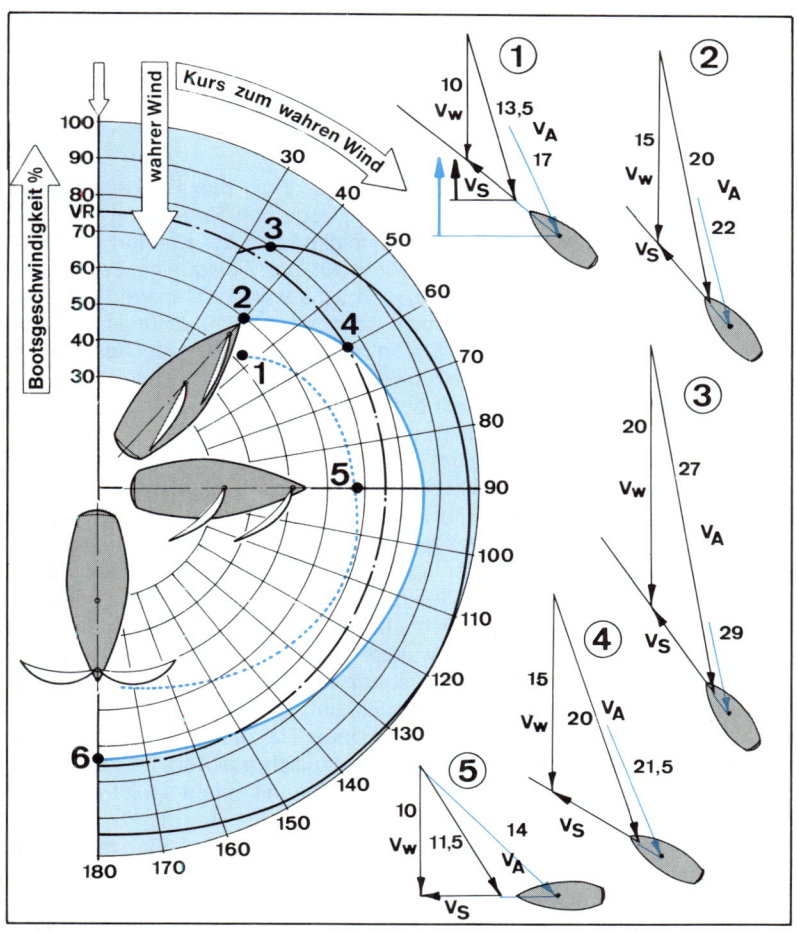

Herausgezogen sind Geschwindigkeitsdreiecke der Punkte 1 bis 6. Schwarz dargestellt die Geschwindigkeit unter Segel und blau ein Geschwindigkeitszuwachs über den zugeschalteten Motor.

149

Motorsegler –
Yachten der Zukunft?

Für die Entwicklung der Yachten ist in erster Linie das Freizeitverhalten einer relativ gut betuchten Bevölkerungsgruppe von Bedeutung. Zur Zeit sieht es so aus, als wären die Geschwindigkeit und der Komfort für einen hohen Preis immer noch die Triebfedern für die Zielsetzung der Eigner. Revolutionen sind in dieser Richtung nicht zu erwarten. Man entdeckt eher eine Verschiebung in Richtung „nicht ganz so extrem, dafür aber erholsam". Die Extreme auf beiden Seiten werden natürlich nie aussterben, aber einer Minderheit vorbehalten bleiben.

Auf den Seiten 9 und 14 habe ich auf den Entwicklungssprung in den vergangenen 15 Jahren hingewiesen. Die Futuristen unter den Yachties zeigen immer Science-Fiction-Weltraumträume für das Jahr 2000. Ich glaube, es ist realistischer zu sagen, daß der Schritt bis zur Yacht des Jahres 2000 nicht wesentlich größer sein wird als der vom Anfang der 70er Jahre bis heute. Denkt man in diesen Grenzen, so wird ein heute als solide und fortschrittlich geltender Motorsegler auch im Jahre 2000 nicht mehr Falten haben, als es heute ein gleich altes Exemplar dieser Gattung aus den frühen 70er Jahren hat. Deshalb möchte ich hier auch keine wie Module einer Weltraumstation wirkende Unterwasser- und Tragflächeneinheiten aus Science-Fiction-Träumen zeigen, sondern einige Spuren deutlicher machen, die sich im Yachtbau für die Zukunft abzeichnen.

Der Cruise Royale 44 (s. S. 157) hat meines Erachtens einige Elemente, die die Entwicklung für die nahe Zukunft deutlich machen:

● große wirksame Besegelung in Kombination mit einem spezifisch leichten Rumpf, der gut Höhe am Wind läuft;

● starke Maschine bis 12 kW/t (was ich schon für die äußerste Grenze halte, da der starre Rumpf diese Geschwindigkeitsunterschiede, erzeugt durch die beiden Antriebe, nicht mehr ohne Einschränkung mitmacht);

● viel Komfort, räumlich gut gelöst mit der Deckshaus/Cockpit-Kombination mit Teilpersenning.

Der MRCB ist zwar in Styling und Ausstattung spitze und zukunftweisend, aber noch als ein Versuch zu werten, um eine Minderheit zu begeistern

150

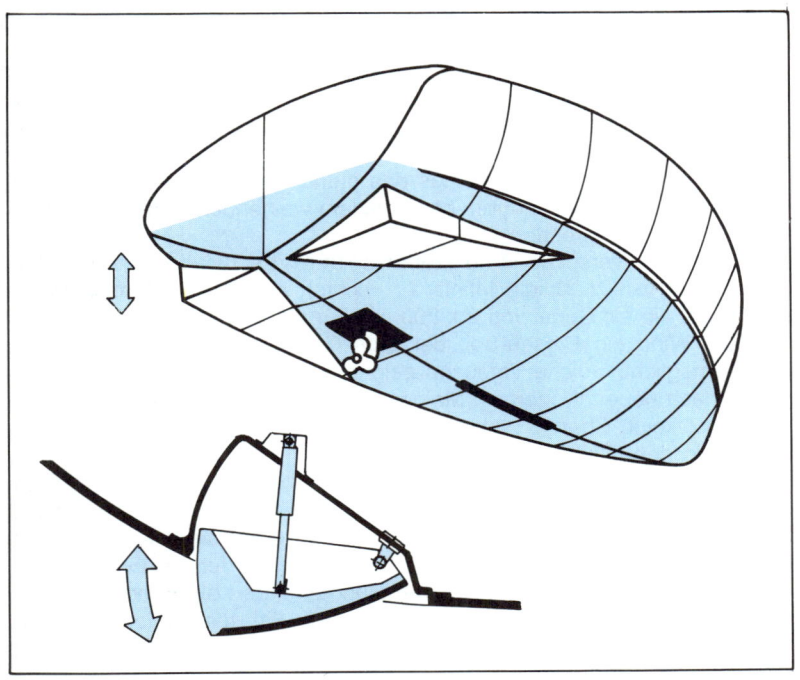

Sie sehen hier das Unterwasserschiff des MRCB mit ausgefahrenen Trimmkästen und in der linken unteren Ecke einen Schnitt durch diese steuerbaren
Staukeile. Hier wird der Versuch unternommen, mit sehr viel Aufwand und entsprechend hohen Kosten die Traumvorstellung vom flexiblen, an jede
Geschwindigkeitsstufe anpassungsfähigen Rumpf zu verwirklichen. Die
Meßergebnisse zeigen, daß es dem Konstrukteur ganz gut gelungen ist. Es ist
aber gleichzeitig der lebende Beweis dafür, daß jeder starre Rumpf ein
bestimmtes Geschwindigkeitspotential hat, das eben nur durch Veränderung
der Form an eine andere Geschwindigkeitsstufe angepaßt werden kann. Das
ist natürlich nicht erforderlich, wenn die Grenzgeschwindigkeiten beider
Antriebe ähnlich sind. Beim MRCB, der mit seinem relativ klein dimensionierten Rigg Rumpfgeschwindigkeit segelt (7,5 kn), erreicht man unter Motor
mehr als 2fache Rumpfgeschwindigkeit (17 kn).

(s. S. 61 und rechts). Der Preis für die hohe Geschwindigkeit (17 kn) unter Motor bei 24 kW/t zeigt die Grenzen einer solchen Entwicklung.
Ähnlich liegt der Versuch von Meta in Frankreich mit der Solution 58, die mit 260 kW unter Motor ca. 20 kn läuft. Unter Segeln allerdings bringt sie nicht das, was man von einem Schiff dieser Preisklasse erwarten würde. Sie segelt bei halbem und achterlichem Wind gut, für einen angemessenen Weg nach Luv fehlt allerdings das aufrichtende Moment. Das heißt, man kann in diesem Fall nur noch mit einem weinenden Auge von Segeln als Hauptantrieb sprechen.
Die krassesten Versuche auf diesem Gebiet sind Vorwind-Riggs auf Gleitmotorbooten wie z. B. die Infinity (s. rechts); mit 700 kW Maschinenleistung fährt sie ein Segel von 2 x 200 m^2. Für die 20 t Verdrängung ist das vor dem Wind ein Riesen-Spi, der gute Geschwindigkeiten auf diesem Kurs ermöglicht. Solche Versuche zeigen zwar, daß man immer auf der Suche nach neuen Wegen ist. Meines Erachtens gibt es aber für das Einrumpfboot keine Chance, unter Segeln einen Geschwindigkeitssprung zu tun, der in den Gleitbereich führt.
Es scheint für Küsten- und Seereviere auch unsinnig, da bei zunehmendem Wind dann, wenn das Segel zu wirken anfängt, die Welle hohe Geschwindigkeiten, jedenfalls in den Grenzen erholsamer Freizeitgestaltung, unsinnig erscheinen läßt. Den besten Beweis für die Grenzen vernünftiger Geschwindigkeit von Einrumpfbooten liefert die Entwicklung auf dem Motoryacht-Sektor selbst. Man geht bei Fahrtenyachten über das Halbgleiten nicht hinaus, die Grenze der Motorisierung liegt bei ca. 20 kW/t.

Die Infinity ist ein Versuch, der extrem in die Richtung geht, durch Vorwindbesegelung die Reichweite von Motoryachten zu vergrößern. Die sehr leichte Yacht erreicht unter Motor 22 kn, das ist bei der Wasserlinienlänge eine Geschwindigkeitsstufe (5,19), die man für ein Motorboot noch nicht als „reines Gleiten" bezeichnen kann. Das ist aber auch nicht wichtig, da man die Reisegeschwindigkeit von 15 bis 17 kn sehen muß – also aus der Sicht des Motorbootfahrers ein Halbgleiter.

Verglichen mit den auf Vorwindkurs denkbaren 12 bis 14 kn unter Segeln eine Bereicherung des Motoryacht-Daseins auf jeden Fall. Nur darf man bei so einem Versuch nicht in Euphorie verfallen und in dieser Kombination den Motorsegler der Zukunft sehen.

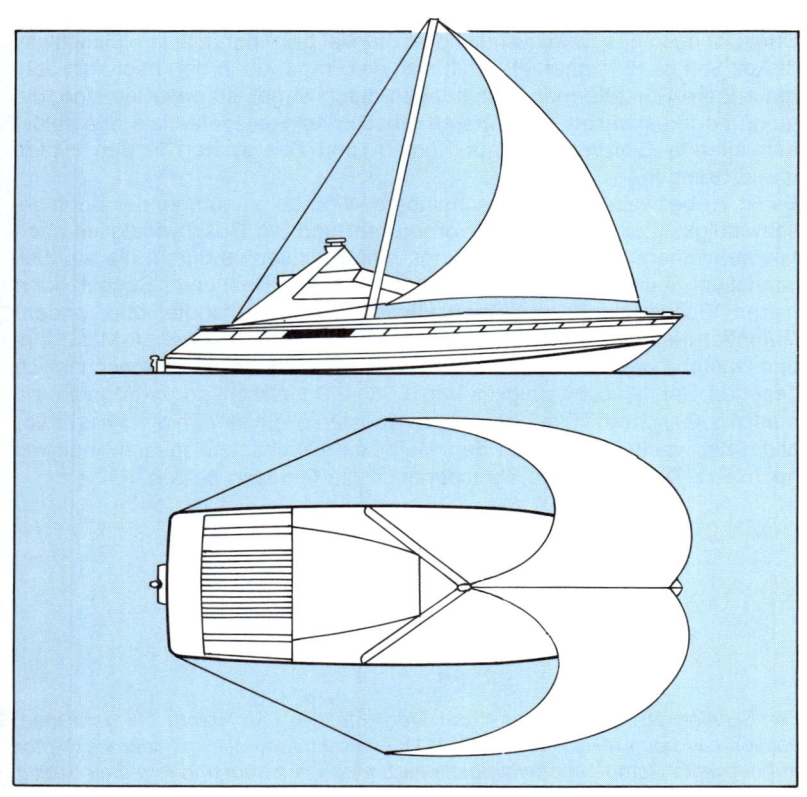

Die Daten der Infinity:

Länge . . . . 20,00 m	Ballastanteil . . . . −
Länge WL . . . . 18,00 m	Motorisierung . . . . 37,5 kW/t
Breite . . . . 6,00 m	Besegelung . . . . 25,00 m²/t
Tiefgang . . . . 1,10 m	rel. Segelfläche 7,94
Verdrängung . . . . 16,0 t	rel. Verdrängung 2,74
Segel . . . . 400 m²	Konstrukteur . . . H. Schoell (USA)
Motor . . . . 2 x 300 kW	Werft: . . . . Schoell Marine (USA)

Damit ist auch das Geschwindigkeitspotential bei einer relativen Geschwindigkeit von ca. 5 festgelegt. Stellt sich die Frage, ob in den nächsten Jahren andere Rumpfformen, angetrieben durch Segel, zu erwarten sind, die aufgrund ihres wesentlich höheren Geschwindigkeitspotentials das selbst aufrichtende Einrumpfboot auf Küsten- und Seerevieren in den Hintergrund drängen.

Es ist zu bezweifeln, da der scheinbare Wind bei zunehmender Bootsgeschwindigkeit zu schnell nach vorne dreht und die Geschwindigkeit nach Luv verkleinert. Setzt sich allerdings eine Philosophie durch, die als Zielvorstellung hat: Weg nach Luv mit Motor und den Rest unter Segeln, dann haben Schwertboote mit Trimmkästen, Mehrrumpfboote und andere Rumpfformen, ausgerüstet z. B. mit einem „Schwenkrigg", A-Mast, ein- und ausfahrbaren Antrieben, die Chance, die heute als durchschnittlich geltende Reisegeschwindigkeit von 1,63–2,0 vielleicht zu verdoppeln, da man die Geschwindigkeit bei jeder Windstärke etwas höher hält und vor allem bei wenig Wind durch den Motor die Durchschnittsgeschwindigkeit hochsetzt. Die Welle wird aber dennoch die Grenzen setzen.

Die Solution 58 ist ein Versuch der Werft Meta in Frankreich, bei dem man, ▶
ähnlich wie beim MRCB (s. S. 66, 151), einen Motorsegler mit sehr viel Motor auf doppelte Rumpfgeschwindigkeit zu bringen versucht und ihm gleichzeitig ein Rigg gibt, in dem der Verbraucher einen vollwertigen Segel-Hauptantrieb (dem Anspruch des Motorseglers gerecht werdend) sehen soll. Meines Erachtens ist das zwar ein brauchbares Experimentierschiff, aber mit seinem Halbgleiterrumpf und nur 25% Ballast ein schlechter Segler. Achterlicher als halben Winds ist die Solution unter Segeln nicht schlecht, nur Weg nach Luv zu machen, fällt ihr äußerst schwer.
Erstaunlich für diese Doppel-Knickspant-Konstruktion aus einer Alu-Sonderlegierung mit dem geschützten Namen Strongall ist die extrem günstige relative Segelfläche. Das sind Werte, die modernen, schnellen Cruiser-Racern entsprechen.

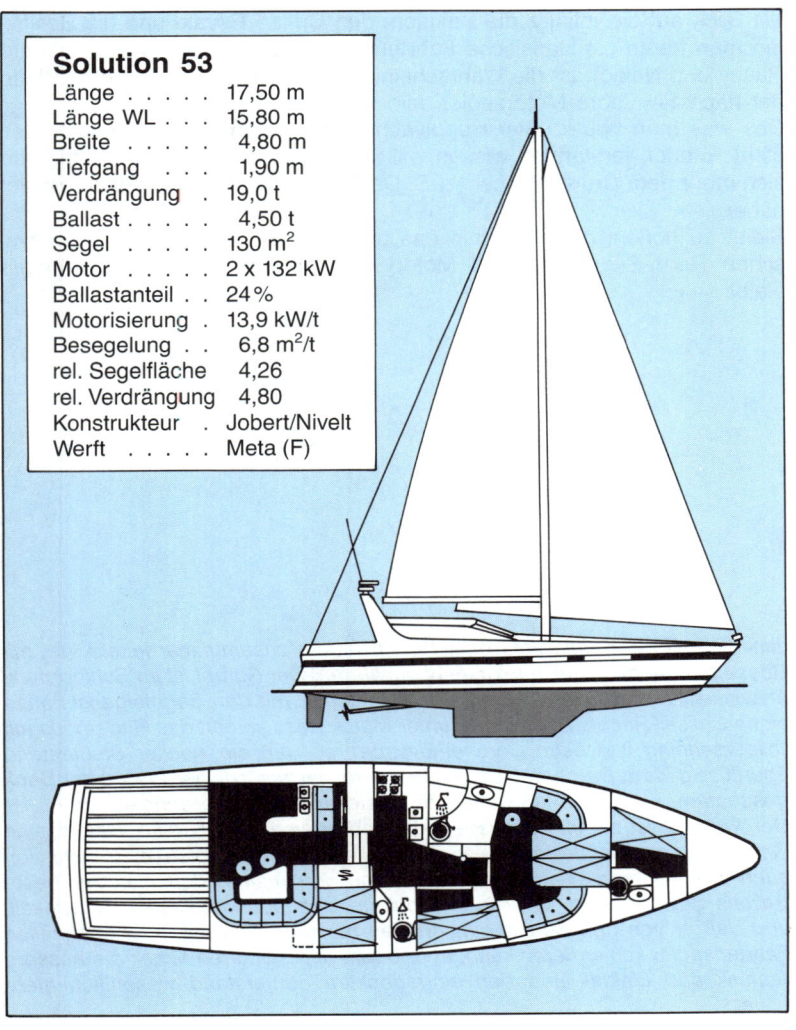

Solution 53

Länge	17,50 m
Länge WL . . .	15,80 m
Breite	4,80 m
Tiefgang . . .	1,90 m
Verdrängung .	19,0 t
Ballast	4,50 t
Segel	130 m²
Motor	2 x 132 kW
Ballastanteil . .	24 %
Motorisierung .	13,9 kW/t
Besegelung . .	6,8 m²/t
rel. Segelfläche	4,26
rel. Verdrängung	4,80
Konstrukteur .	Jobert/Nivelt
Werft	Meta (F)

Mit Blick auf die Infinity, die Solution, den Cruise Royale und die Schiffe, die man heute als klassische Fahrtenyachten bezeichnet (z. B. Hallberg Rassy und Najad), ist die Wahrscheinlichkeit groß, daß die Fahrtenschiffe der nächsten Jahre Motorsegler sein werden.

Das was man heute unter Segelyacht oder segelnder Fahrtenyacht versteht – oder verstanden wissen will – (Segelboot mit Hilfsantrieb), wird sich mehr dem Cruiser-Racer (z. B. Dehler 38, Bavaria oder Swan, Baltic) nähern.

Bleibt zu hoffen, daß weiterhin das bunte Spektrum der Yachtarten zwischen Renn-Segelyacht und Motoryacht mit Stützbesegelung erhalten bleibt.

Jan Kjaerulff, der viele Jahre mit Paul Elvström zusammenarbeitete, hat mit Reese Marine den Cruise Royale 44 entworfen. Der Rumpf ist im Schlepptank entwickelt. Das Konzept: Moderner Motorsegler mit den Segeleigenschaften eines Cruiser-Racers und schnell unter Motor. Dazu kommt das Ruderhaus mit Teilpersenning wie beim Coronet/Elvström, so daß ein zweiter Steuerstand überflüssig wird. Durch das Deckshaus wird viel zusätzlicher Platz unter Deck geschaffen, wodurch man getrennte Gästekammern unterbringen kann.

Der Prototyp ist mit 92 kW ausgerüstet und erreicht damit 10 kn. Das ist eine Geschwindigkeitsstufe von $V_G = 3,04$, die man einer solchen Konstruktion auch bei mittleren Winden zutrauen kann. Ich meine, daß hier der beste Beweis geliefert wird, in welche Richtung sich der Motorsegler entwickelt, und daß er von den Segeleigenschaften her durchaus mit jedem schnellen Fahrtensegler konkurrieren kann, aber durch den stärkeren Motor, die bessere Technik und Elektrik und den eingedeckten Steuerstand wesentlich mehr bietet.

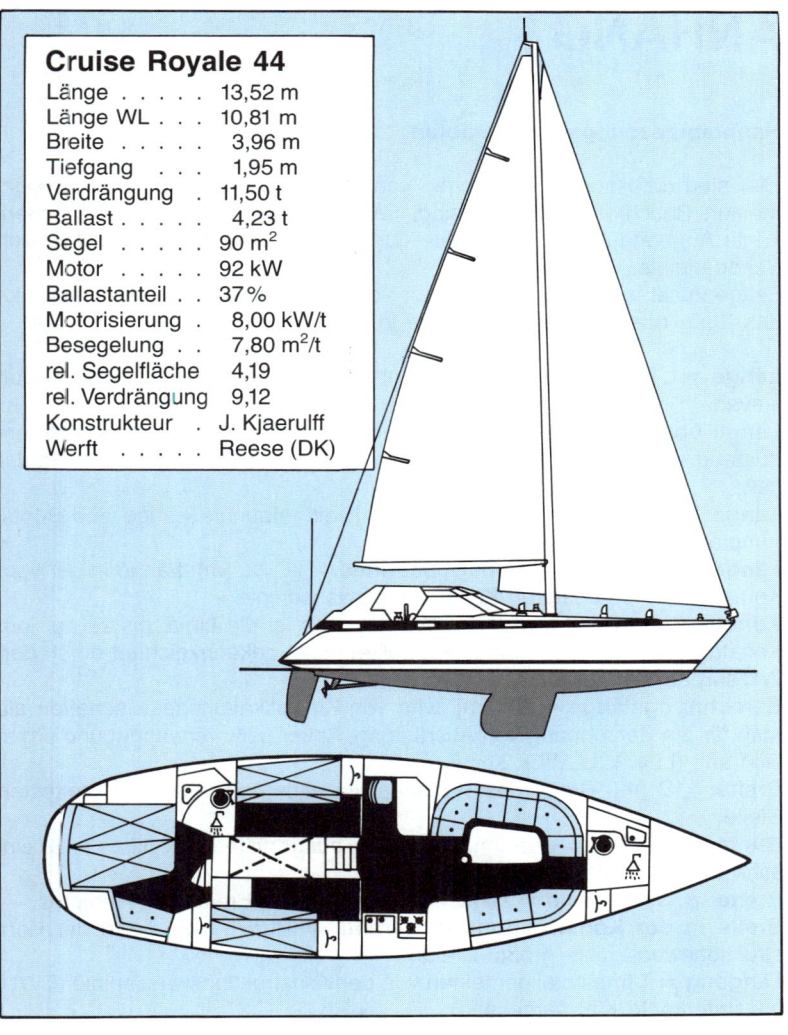

Cruise Royale 44

Länge	13,52 m
Länge WL . . .	10,81 m
Breite	3,96 m
Tiefgang . . .	1,95 m
Verdrängung .	11,50 t
Ballast	4,23 t
Segel	90 m²
Motor	92 kW
Ballastanteil . .	37 %
Motorisierung .	8,00 kW/t
Besegelung . .	7,80 m²/t
rel. Segelfläche	4,19
rel. Verdrängung	9,12
Konstrukteur .	J. Kjaerulff
Werft	Reese (DK)

ANHANG

Hauptabmessungen von Booten

Hier sind die Hauptabmessungen von Booten genannt, wie sie zur allgemeinen Beschreibung üblich sind. Im Normalfall werden sie auf Außenkante Außenhaut bezogen, Breite über alles bedeutet aber einschließlich Scheuerleiste.

Fettgedruckt ist immer das Maß oder der eigentliche Begriff, dahinter folgt das Kurz- oder Formelzeichen und in eckiger Klammer die Dimension.

Länge = L [m]: Länge des Bootsrumpfes, gemessen vom Spiegel bis Vorsteven.

Länge über alles = Lüa [m]: Gesamtlänge des Bootes in ausgerüstetem Zustand, d. h. mit Bugspriet, Heck- oder Bugkorb, angehängtem Ruder usw.

Länge in der Wasserlinie = LWL [m]: eingetauchte Länge des Bootsrumpfes in der Schwimmwasserlinie.

Länge in der Konstruktionswasserlinie = LCWL [m]: Länge in der vom Konstrukteur festgelegten Konstruktionswasserlinie.

Konstruktionswasserlinie = CWL [m]: Das ist die Linie, bis zu der laut Konstruktion das Boot eintauchen sollte, meist gekennzeichnet durch den Wasserpaß bzw. Unterkante Zierstreifen.

Berechnungslänge = LR [m]: wird von Klassifikationsgesellschaften als Maß für die Berechnung von Ausrüstung, Anker usw. verwendet und ergibt sich aus (Lüa + LCWL):2.

Breite = B [m]: Breite des Rumpfes; im allgemeinen an der breitesten Stelle.

Breite über alles = Büa [m]: Breite des ausgerüsteten Schiffes z. B. einschließlich Scheuerleiste.

Breite in Wasserlinie = BWL [m]: eingetauchte Breite des Rumpfes.

Breite in der Konstruktionswasserlinie = BCWL [m]: die in der Konstruktionswasserlinie größte Breite.

Tiefgang = T [m]: im allgemeinen von der Konstruktionswasserlinie (CWL) bis Unterkante Kiel gemessen.

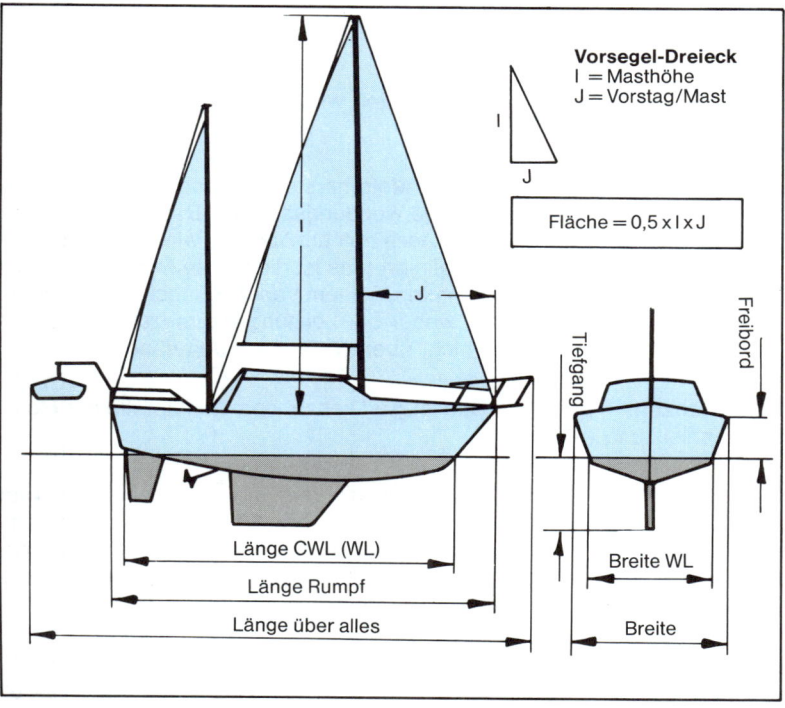

Vorsegel-Dreieck
I = Masthöhe
J = Vorstag/Mast

Fläche = 0,5 x I x J

Freibord = F [m]: im allgemeinen das Maß von der Schwimmwasserlinie bis zur niedrigsten Stelle des Decks, bzw. von CWL gemessen.

Verdrängung = D [m³]: Die Verdrängung ist theoretisch das Volumen des fahrfertig ausgerüsteten Bootes in m³. Da man aber die unterschiedliche Dichte des Wassers vernachlässigt und von 1 ausgeht, wird die Verdrängung häufig in Tonnen genannt oder bei kleineren Booten in Kilogramm. Die englische Bezeichnung ist „displacement" [m³].

Segelfläche = A_S [m²]: Allgemein gilt für den Begriff Segelfläche die Segelfläche am Wind bzw. das Vorsegel- und Großsegel-Dreieck oder, auf die Segel bezogen, Fläche des Großsegels und der Fock 1. Die objektivste Vergleichsmöglichkeit bieten das Vor- und Großsegel-Dreieck.

Hauptdaten von Bootsmotoren

Auf die einzelnen hier genannten Daten wird im Kapitel Motor näher eingegangen.

Nennleistung = P [kW]: Die vom Motorhersteller angegebene Höchstleistung für einen bestimmten Verwendungszweck. Das bedarf einer genauen Definition. Für Einbaumaschinen auf Yachten wird diese Nennleistung zur Zeit nach DIN 6271 definiert (das ist die größte Nutzleistung, die der Motor während einer bestimmten, seinem Verwendungszweck entsprechenden Zeit abgeben kann, wobei die Leistungsbegrenzung so eingestellt ist, daß die Leistung B nicht überschritten werden kann.

Nenndrehzahl = n [1/min]: Das ist die Drehzahl pro Minute, die der Motor bei Nennleistung erreicht.

Propeller-Leistung = PP [kW]: Das ist die Leistung am Propeller. Sie wird häufig auch als Wellenleistung bezeichnet, das ist aber mißverständlich, da das Ausgang Motor, Ausgang Getriebe oder eben am Propeller sein kann. Die maximal erreichbare Propeller-Leistung ist die Nennleistung multipliziert mit dem Wirkungsgrad vom Motor bis zum Propeller.

Propeller-Drehzahl = N_P [1/min]: Das ist die Drehzahl, die der Propeller macht. Sie unterscheidet sich von der Motordrehzahl durch die Untersetzung des Getriebes. Das heitß, wenn Sie die Motordrehzahl im Prospekt haben und die Untersetzungszahl des Getriebes, dann bekommen Sie die Propeller-Drehzahl, indem Sie Nenndrehzahl durch Untersetzungszahl des Getriebes dividieren.

Motorgewicht [kg]: Das üblicherweise genannte Motorgewicht bezieht sich häufig auf den trockenen Motor ohne Getriebe, ohne Wellenanlage und ohne Zusatzaggregate.

Leistungsgewicht [kg/kW]: Die Zahl sagt aus, wieviel ein Motor je kg leistet. Sie ist die Umkehrung der Motorisierung eines Bootes.

160

Spezifischer Kraftstoffverbrauch = b [g/kWh]: Diese Zahl gibt Auskunft, wieviel Gramm Kraftstoff ein Motor je Kilowatt und Stunde verbraucht. Um aus der Nennleistung den Verbrauch in l/h auszurechnen, ist der spezifische Verbrauch in l/kWh anschaulicher. Wenn man diesen Wert mit der Leistung des Motors multipliziert, erhält man den Verbrauch in Liter pro Stunde. In Prospekten finden Sie meist g/kWh. Die müssen Sie durch 850 dividieren, um l/h zu erhalten.

Motorisierung kW/t: Die Motorisierung sagt aus, wieviel Kilowatt je Tonne Bootsgewicht eingebaut sind bzw. geleistet werden. Übliche Motorisierungszahlen sind:

Segelyachten . . . . 2,2* bis über		6 kW/t
Motorsegler . . . . 3,0* bis		8 kW/t
Motoryachten (Verdränger) . . . . 4,5* bis		15 kW/t
Motoryachten (Halbgleiter) . . . . 25 bis		30 kW/t
Motoryachten (Gleiter) . . . . bis etwa		50 kW/t
Rennboote . . . . ca.		80 kW/t
Offshore-Rennboote . . . . bis		200 kW/t
Raketenboote f. Geschwindigkeitsrekorde		1000 kW/t

Verhältnis- und Kennwerte von Booten

Man kann natürlich viele Zahlen zueinander ins Verhältnis setzen, und das wird auch gemacht. Bei ausreichenden Vergleichsmöglichkeiten lassen die meisten auf diese Art ermittelten spezifischen Werte auch Vergleiche zu.

Längen-Breiten-Verhältnis L/B: Das Verhältnis sagt aus, wie schlank ein Boot ist. Je kleiner der Wert, um so „dicker", je größer der Wert, um so „schlanker" das Boot. Die heute üblichen Werte liegen zwischen 3 bis 4, das heißt, Boote sind 3 bis 4mal so lang wie breit. Natürlich kann man den Vergleich auch mit LWL:BWL anstellen.

---

* *Mindestmotorisierung nach Empfehlung des Germanischen Lloyd.*

Relative Verdrängung (D_R)

Es gibt eine Menge Kennwerte und Koeffizienten, die sich um die Beschreibung der Form des Unterwasserschiffes drehen. Es sind Versuche, aus technischen Größen durch Rechnung Rückschlüsse auf das Fahrverhalten zu bekommen. Einer davon ist die „relative Verdrängung".
Die Vorstufe ist die Division der Verdrängung durch die Länge in der Wasserlinie. Der Wert würde aussagen, wieviel Tonnen Wasser das Schiff pro Meter der LWL verdrängt. Nun sind Techniker immer bestrebt, solche Kennziffern dimensionslos zu machen. In diesem Fall zieht man nicht die dritte Wurzel aus der Verdrängung (m^3), sondern nimmt die Länge^3 (m^3). Dadurch würde aber ein sehr kleiner Wert entstehen, der nicht anschaulich genug ist. Deshalb dividiert man die LWL durch 10. Auf diese Weise entsteht die Formel

$$\text{relative Verdrängung } D_R = \frac{\text{Verdrängung (m}^3\text{)}}{(\text{Länge WL} \times 0{,}1)^3}$$

Das Ergebnis wird eine anschauliche Zahl, die sich in der Größenordnung bis 20 bewegt.
Die relative Verdrängung D_R besagt, wie oft das Volumen eines Würfels aus dem Zehntel der Wasserlinienlänge in die Verdrängung des Bootes (m^3) paßt. Durch Vergleich dieser Zahlen wird man in die Lage versetzt, Rümpfe unterschiedlicher Länge zu vergleichen.

Beispiel:

Boot A: Verdrängung = 2 m^3, Länge WL = 5,0 m

$$\text{Relative Verdrängung} = \frac{2}{(0{,}1 \times 5)^3} = \frac{2}{0{,}125} = 16$$

Boot B: Verdrängung = 6,0 t, Länge WL = 10,0 m

$$\text{Relative Verdrängung} = \frac{6}{(0{,}1 \times 10)^3} = \frac{6}{1} = 6{,}0$$

Wenn man nur die Daten des Bootes ohne diesen Kennwert vergleicht, würde man kaum auf die Idee kommen, daß Boot A ein klobiger Verdränger und Boot B ein extrem leichter Verdränger oder Halbgleiter ist. Dieser Wert allein läßt allerdings noch keinen Schluß auf das Fahrverhalten eines Bootes zu, er muß wieder neben andere Kennwerte gestellt werden. Man kann z. B. zusammen mit der Motorisierung oder der relativen Segelfläche auf die Endgeschwindigkeit schließen, wenn man voraussetzt, daß die Konstruktion mindestens durchschnittlich ausgefallen ist. Im Kapitel „Rumpf" auf S. 48 wird auf die verschiedenen Rumpfformen und die für sie typische relative Verdrängung eingegangen.

Völligkeitsgrad (δ): Das ist einer der wichtigsten Vergleichswerte für Rümpfe. Er sagt aus, wieviel Volumen ein Rumpf von dem Inhalt einer ihn umschreibenden Kiste ausfüllt. Die Formel:

$$\text{Völligkeitsgrad } \delta = \frac{\text{Verdrängung [m}^3\text{]}}{\text{LWL} \cdot \text{BWL} \cdot T_R}$$

T_R = Rumpftiefe, d. h. Tiefgang ohne Kielflosse oder Kielansatz. Die Werte liegen bei Segelbooten zwischen 0,3 und 0,4, bei Motorbooten 0,4 bis 0,5. Leider fehlt einem häufig der Rumpftiefgang, so daß man mit der relativen Verdrängung (s. oben) besser arbeiten kann, obwohl der Völligkeitsgrad anschaulicher ist. Es gibt noch eine ganze Reihe von Rumpf-Koeffizienten, die aber alle spezielle Daten voraussetzen wie Spantfläche, Schwerpunktlage usw., die man normalerweise von Konstrukteur oder Werft nicht bekommt. Deshalb wurde hier auch darauf verzichtet, sie darzustellen.

Ballastanteil [%]: Der Ballastanteil sagt aus, wieviel Prozent Außenballast im Verhältnis zur Verdrängung vorhanden sind. 50% gilt als hoher Ballastanteil, 25% ist ein sehr niedriger Ballastanteil, der schon Zweifel am Selbstaufrichten des Bootes aufkommen läßt. Aber wie bei allen Kennwerten kann man aus der einzelnen Zahl keine Rückschlüsse ziehen, man müßte hinsichtlich der Kenterbarkeit Spantform, Schwerpunktlage (bezogen auch auf Innenballast usw.), Form der Aufbauten usw. mit in Betracht ziehen.

Relative Segelfläche bzw. Segeltragzahl (A_{SR})

Die relative Segelfläche, auch als Segeltragzahl bezeichnet, setzt die Segelfläche mit der Verdrängung in Beziehung.
In vereinfachter Form Segelfläche/Verdrängung (m^2/t) entspräche der Wert der Motorisierung (kW/t). Um diesen Vergleich auch anstellen zu können, wurde er in der Gesamtübersicht s. S. 172 unter der Motorisierung aufgeführt.

Die relative Segelfläche ist aber allgemein als Kennwert üblich und durch das Ziehen der Wurzeln ebenfalls dimensionslos. Auch hier gilt das, was bereits bei anderen Kennwerten gesagt wurde: allein stehend kann man daraus noch nicht viel Rückschlüsse auf ein Boot ziehen, da die Riggform und eine Definition der Segelfläche notwendig ist, um die Werte vergleichbar zu machen.

Viele Werften nennen bei der Segelfläche das Großsegel und eine Genua. Das verfälscht natürlich das Segeltragvermögen gegenüber den Booten, bei denen Groß und Fock 1 zur Standardbesegelung gehören, oder bei kuttergetakelten Booten die doppelten Vorsegelflächen in die Rechnung eingehen.

Wir haben deshalb immer die Fläche des Großsegels und der Fock 1 bzw. des Vorsegeldreiecks genannt. Sind andere Segel einbezogen, so wurde dies speziell gekennzeichnet.

Zur Berechnung dient die Formel

$$\text{spezifische Segelfläche } A_{SR} = \frac{\sqrt{\text{Segelfläche}}}{\sqrt[3]{\text{Verdrängung}}}$$

Ein ähnlicher Wert wird auch aus der Segelfläche im Verhältnis zum Rechteck LWL × BWL gebildet.

Im Kapitel „Rigg und Segel" wird auf die verschieden großen Werte speziell eingegangen. Hier noch ein Beispiel zur Verdeutlichung der Funktion:

Boot A: Segelfläche 25 m², Verdrängung 2,0 t

$$\text{Relative Segelfläche } A_{SR} = \frac{\sqrt{25}}{\sqrt[3]{2,0}} = \frac{5}{1,26} = 3,97$$

Boot B: Segelfläche 64 m², Verdrängung 6,0 t

$$\text{Relative Segelfläche } A_{SR} = \frac{\sqrt{64}}{\sqrt[3]{6}} = \frac{8}{1,82} = 4,40$$

Boot A hat eine kräftige Besegelung, wie sie für Fahrtenyachten und Motorsegler üblich ist.
Boot B ist ein hochbesegelter Cruiser-Racer oder sogar eine Rennyacht.
Auch hier ist davor zu warnen, die relative Segelfläche allein zur Einschätzung von Fahreigenschaften zu verwenden. Man muß sie mindestens zusammen mit einem anderen Kennwert sehen. Am günstigsten ist die Beurteilung zusammen mit einem Rumpf-Kennwert wie z. B. der relativen Verdrängung oder anderen Rumpf-Koeffizienten.

Bootstyp	Länge m	Besegelung m²/t	Segel- tragzahl
Banjer (Kutteryacht)	11,13	2,30	2,30
LM 32 (Motorsegler)	9,75	7,66	3,73
Najad 360 (Fahrtensegler)	10,75	8,00	3,91
CR 44 (Motorsegler)	13,52	7,80	4,19
Etap 20 (Kielschwerter)	6,05	25,15	4,72
db 2 (¾-Tonner)	10,35	21,27	5,49
AC-Yacht (Rennyacht)	13,00	18,33	5,76

Relative Geschwindigkeit bzw. Geschwindigkeitsstufe (V_G)

Die relative Geschwindigkeit, auch als Geschwindigkeitsstufe bezeichnet, bietet die Möglichkeit, Rümpfe unterschiedlicher Länge in der Geschwindigkeit miteinander zu vergleichen.
Die Welle, egal ob vom Wind oder einem Boot erzeugt, folgt physikalischen Gesetzen und läuft bei einer bestimmten Länge mit der

$$\text{Geschwindigkeit} = K \times \sqrt{\text{Wellenlänge}}$$

Jeder Gegenstand, der sich im Wasser bewegt, also auch ein Boot, erzeugt eine Welle, ein Wellensystem. Die vom Rumpf erzeugte Welle ist so lang wie die dem Rumpf eigene Geschwindigkeitsstufe. Der Rumpf ist sozusagen in seine Bug- und Heckwelle, nämlich sein Wellensystem eingebettet. Wird das Boot schneller, wandert die Heckwelle weiter nach achtern und je nach Form, Gewicht und Antriebskraft des Rumpfes bleibt das Boot in seiner Welle hängen oder kann sie verlassen.

Bleibt es hängen, weil das Heck immer mehr in das Tal wegsackt, spricht man von Verdrängern, ist es aber in der Lage, aus diesem Wellental herauszufahren, spricht man von gleiten.

Durch diese Beziehung zum Wellensystem kann man die Wasserlinienlänge mit der Bootsgeschwindigkeit in Relation setzen. Der so entstandene Wert wird als „relative Geschwindigkeit" oder „Geschwindigkeitsstufe" bezeichnet. J. Baader bezeichnete sie mit dem Kurzzeichen R und Marchaj spricht nur von Längen-Geschwindigkeits-Verhältnis ohne ein Formelzeichen zuzuordnen. Da das „R" international für Widerstand (Resistance) steht, möchte ich der Geschwindigkeitsstufe das Zeichen V_G geben, obwohl vielleicht V_R als „Geschwindigkeit relativ" logischer wäre. Es gibt aber eine häufig gebrauchte Größe, die, auf die Wasserlinienlänge des Bootes bezogen, als „theoretische Rumpfgeschwindigkeit" bezeichnet wird und das Kurzzeichen V_R hat.

V_R, die „theoretische Rumpfgeschwindigkeit" ist die Geschwindigkeit, bei der die vom Rumpf erzeugte Wellenlänge der Wasserlinienlänge entspricht.

Als Formel sieht das so aus:

$$\text{Geschwindigkeitsstufe } V_G = K \times \frac{\text{Bootsgeschwindigkeit Vs}}{\sqrt{\text{Wasserlinienlänge LWL}}}$$

Setzt man die Geschwindigkeit in Knoten ein, so bekommt man als

$$\text{Rumpfgeschwindigkeit } V_R = 2,43 \frac{V_S \text{ (Knoten)}}{\sqrt{\text{LWL (m)}}}$$

Wird die Geschwindigkeit in km/h eingesetzt, lautet die Formel für die

$$\text{Rumpfgeschwindigkeit } V_R = 4,5 \frac{V_S \text{ (km/h)}}{\sqrt{\text{LWL (m)}}}$$

Bezogen auf die maximal erreichbare Geschwindigkeit des Bootes ergibt sich die Geschwindigkeitsstufe aus

$$\text{maximale Geschwindigkeit: } \sqrt{\text{Wasserlinienlänge}}$$

Da das Ergebnis unterschiedlich ist, je nachdem, ob man die Geschwindigkeit in Knoten oder km/h einsetzt, habe ich mich in diesem Buch auf Schiffsgeschwindigkeit in kn beschränkt.

Es ergibt sich die Formel:

$$\text{Geschwindigkeitsstufe } V_G = \frac{V_S \text{ (Schiffsgeschwindigkeit in kn)}}{\sqrt{\text{LWL (Länge in der Wasserlinie in m)}}}$$

167

Propeller-Wirkungsgrad (η)

Die Grafik rechts zeigt das Wirkungsgrad-Diagramm für einen Dreiflügler mit ▶
einem Flächenverhältnis von 50% (Wageningen B3-50) und einem Zweiflügler
mit einem Flächenverhältnis von 30% (Wageningen B2-30). Über den Bela-
stungsgrad (Bp) kann man das Steigungsverhältnis für einen optimalen Pro-
peller-Wirkungsgrad (η) und aus dem Fortschritts-Koeffizienten δ den dazu
passenden Durchmesser ausrechnen. Man kann aber auch umgekehrt aus
vorhandenen Daten eines Propellers, der Motorleistung und der Wellendreh-
zahl den Wirkungsgrad kontrollieren.

Die Formel für die Anströmgeschwindigkeit des Propellers (V_A) ist

$$(1) \qquad V_A = V_S \, (1 - W)$$

Der Belastungsgrad B_p errechnet sich aus

$$(2) \qquad B_p = 1{,}17 \cdot n \cdot P_p^{1/2} \cdot V_A^{-5/2} = 1{,}17 \; \frac{n \cdot \sqrt{P_p}}{V_A^{\,2} \cdot \sqrt{V_A}}$$

Den Durchmesser rechnet man aus nachstehender Formel

$$(3) \qquad D = K \cdot \frac{V_A \cdot \delta}{n}$$

Die verschiedenen Werte sind mit folgenden Dimensionen einzusetzen:

n = Drehzahl/min

P = Leistung in kW

V_A = Anströmgeschwindigkeit des Propellers in Knoten (sm/h)

V_S = Bootsgeschwindigkeit in Knoten

W = Nachstrom in Prozent der Bootsgeschwindigkeit (V_S). Die Formel als
Dezimalzahl eingesetzt. Anhaltswerte siehe S. 125.

D = Propeller-Durchmesser in Zoll (wird der Durchmesser in Millimeter
eingesetzt, muß statt der 12, der Wert 305 und für Durchmesser in mm
und V_S in km/h 165 eingesetzt werden.

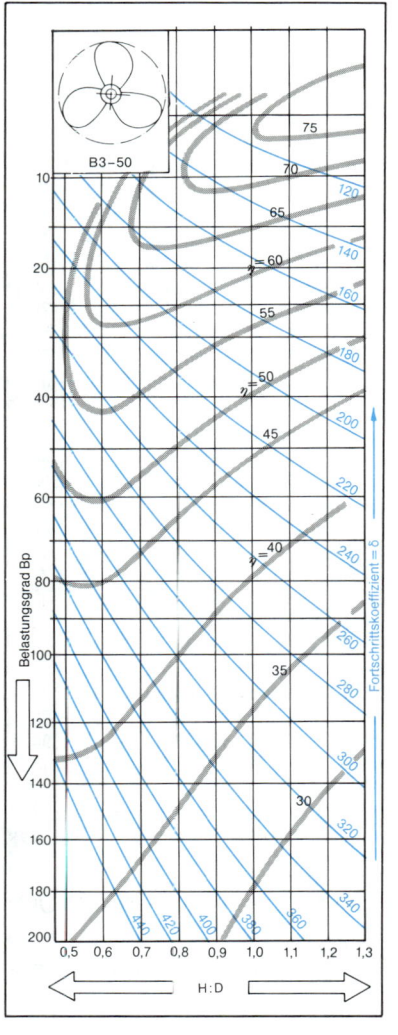

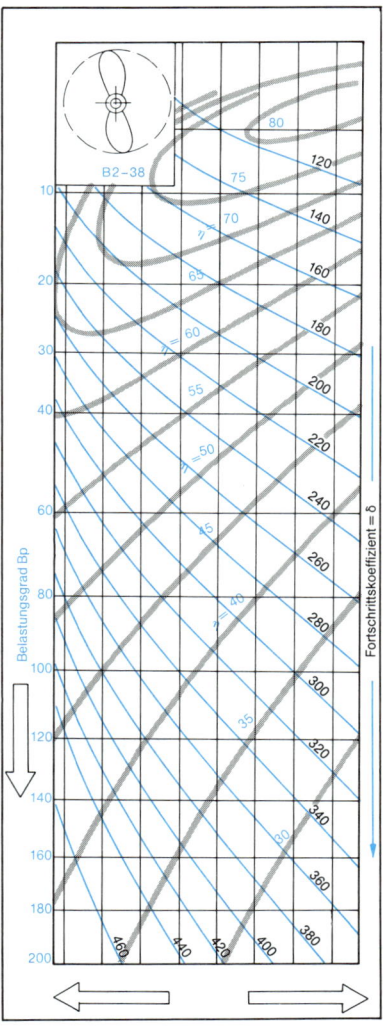

Pferdestärken [PS] in Kilowatt [kW]
1 PS = 0,7355 kW

PS	0	1	2	3	4	5	6	7	8	9	PS
0	0	0,7355	1,47	2,21	2,94	3,68	4,41	5,15	5,88	6,62	0
10	7,36	8,09	8,83	9,56	10,30	11,03	11,77	12,50	13,24	13,97	10
20	14,71	15,45	16,18	16,92	17,65	18,39	19,12	19,86	20,59	21,33	20
30	22,07	22,80	23,54	24,27	25,01	25,74	26,48	27,21	27,95	28,68	30
40	29,42	30,16	30,89	31,63	32,36	33,10	33,83	34,57	35,30	36,04	40
50	36,78	37,51	38,25	38,98	39,72	40,45	41,19	41,92	42,66	43,39	50
60	44,13	44,87	45,60	46,34	47,07	47,81	48,54	49,28	50,01	50,75	60
70	51,49	52,22	52,96	53,69	54,43	55,16	55,90	56,63	57,37	58,10	70
80	58,84	59,58	60,31	61,05	61,78	62,52	63,25	63,99	64,72	65,46	80
90	66,20	66,93	67,67	68,40	69,14	69,87	70,61	71,34	72,08	72,81	90
100	73,55	74,29	75,02	75,76	76,49	77,23	77,96	78,70	79,43	80,17	100

Kilowatt [kW] in Pferdestärken [PS]
1 kW = 1,3596 PS

kW	0	1	2	3	4	5	6	7	8	9	kW
0	0	1,3596	2,72	4,08	5,44	6,80	8,16	9,52	10,88	12,24	0
10	13,60	14,96	16,32	17,67	19,03	20,39	21,75	23,11	24,47	25,83	10
20	27,19	28,55	29,91	31,27	32,63	33,99	35,35	36,71	38,07	39,43	20
30	40,79	42,15	43,51	44,87	46,23	47,59	48,95	50,31	51,66	53,02	30
40	54,38	55,74	57,10	58,46	59,82	61,18	62,54	63,90	65,26	66,62	40
50	67,98	69,34	70,70	72,06	73,42	74,78	76,14	77,50	78,86	80,22	50
60	81,58	82,94	84,30	85,65	87,01	88,37	89,73	91,09	92,45	93,81	60
70	95,17	96,53	97,89	99,25	100,61	101,97	103,33	104,69	106,05	107,41	70
80	108,77	110,13	111,49	112,85	114,21	115,57	116,93	118,29	119,64	121,00	80
90	122,36	123,72	125,08	126,44	127,80	129,16	130,52	131,88	133,24	134,60	90
100	135,96	137,32	138,68	140,04	141,40	142,76	144,12	145,48	146,84	148,20	100

Der Gebrauch dieser Tabelle ist sehr einfach. Sie suchen auf der senkrechten Skala die Zehner und auf der Horizontalen die Einer. Im Schnittpunkt liegt das Ergebnis.
Beispiel (oben): 48 PS sollen in kW umgerechnet werden.
Sie gehen senkrecht bis 40 und waagerecht bis 8, am Schnittpunkt ist das Ergebnis: 48 PS = 35,30 kW.
Beispiel: 48 kW sollen in PS umgewandelt werden.
Sie gehen senkrecht bis 40 und waagerecht bis 8, am Schnittpunkt liegt das Ergebnis: 48 kW = 65,26 PS.
Bei Werten über 100 muß man das Komma entsprechend verschieben.

Quellenverzeichnis

Fachliteratur
D. Cannel/J. Leather, Modern Development in Yacht Design, Adlard Coles Limited, London

Hans Donat: Sicherheit und Technik auf Segelyachten, Mehr Meilen mit weniger Sprit, Yachtbordbuch, Außenborder, Kleine Boote selbst gebaut, Ausbau von Bootsrümpfen, Bootsmotoren, Verlag Delius, Klasing & Co., Bielefeld

Dubbel, Taschenbuch für den Maschinenbau, Springer-Verlag, Berlin/Heidelberg/New York

P. Kammler, Die ideale Fahrtenyacht, Verlag Delius, Klasing & Co., Bielefeld

F. S. Kinney, Skene's Elements of Yacht Design, Dodd, Mead & Company, New York

K. Marconi, Wie konstruiert und baut man ein Boot, Verlag Delius, Klasing & Co., Bielefeld

C. A. Marchaj, Segel-Theorie und Praxis sowie Aerodynamik und Hydrodynamik des Segelns, Verlag Delius, Klasing & Co., Bielefeld

R. Schönknecht, J. Lüsch, M. Schelzel, H. Obenaus und J. Bertholdt, Schiffe und Schiffahrt von morgen, VEB-Verlag Technik, Berlin.

Zeitschriften
YACHT, BOOTE, Delius, Klasing & Co., Bielefeld

Boat Owner, International Boat Industry, Nautica, Yachting, Yachts and Yachting

Kataloge
KLASINGS BOOTSMARKT INTERNATIO-NAL, Delius, Klasing & Co., Bielefeld

Sonstige Informationsschriften
Germanischer Lloyd:
Richtlinien für den Bau und die sicherheits-technische Ausrüstung von kleinen Wasser-sportfahrzeugen. Vorschriften für den Bau und die Klassifikation von Yachten

Icomia:
Safety & Quality Standards.
American Board and Yacht Council, Standards and Recommended Practices für Small Craft

Info Aluminium-Zentrale

Info Rostfrei Kompaß, Info-Stelle Edelstahl Rostfrei

Fachseminar für Yachtentwurf der HANSE-BOOT 1984, 1985, 1986

Symposium Yacht-Architecture der HISWA 1983, 1984, 1985, 1986

Fachtagung „Kunststoffe und Bootsbau" INTERBOOT 1981

Allgemeine Unterlagen und Pläne der Werften und Konstrukteure:
Albaran/Rush, Amel, Fr. Barthel, Blue Ocean Motorsailers, Castlemain, Colvic, Contest, Conyplex, Deerberg, Dueholm, Finntern-Mar-sum-Boating, Evasion/Beneteau, Fjord, Freepack, Gallart/Steinwascher, H. E. Glacer, Glenn Marine, Guy Couach, Holland-Schoo-ner/Helleman, Jeanneau, Jongert/Dahm, Kirié-Marine, Lauwersmeer, LM Glasfiber, Lübbe-Voss, Malö Yachts, Mascotte, Maxi/Haitzinger, Meta, A. Miglitsch, Minimor/Albers, MRCB, Yachtzentrum Hamburg, Nauti-Cat, Neptunus, Nordiac Jachten, Northshore Yachts, Ocean Schooners/CCYD srl Cantiere, Oehlmann, H. Petersen, Phantom-Yachten, Reese Marin, Reinke, B. Roberts, D. Scharping, Success, Spitzner, van de Stadt, H. Stichnoth, Tümmler/Xylon, Venuleth, Volvo Penta, R. Vrolijk, Westerly, Winga Marine, Yachting France, u.v.m.

Propellerunterlagen
J. Boyens, Eissing, Gröwer, Heimdal, Hundested motor- & propeller fabrik, Korsør Motor- og Propelfabrik, Marin, Martime Research Institute Netherlands, max-prop, Newage, Prowell, Spitzner, F. Umlauf, Vetus, Volvo Penta, u.v.m.

Bootsliste

Auf den folgenden Seiten sind alle im Buch erwähnten Schiffe mit Daten und Vergleichswerten aufgeführt. Die Tabelle ist nach Länge sortiert.

Unten noch eine alphabetische Bootsnamen-Liste mit den Seitenzahlen, wo Sie mehr über diese Yachten finden.

Alle Boote aus dem Buch nach ▶
Länge geordnet.

Die Abkürzungen bedeuten:
MS = Motorsegler; MB = Motorboot; MK = Motorkreuzer; MY = Motoryacht; SB = Segelboot; SK = Segelkreuzer; SY = Segelyacht; FY = Fahrtenyacht; CR = Cruiser-Racer; RY = Rennyacht; AC = Admirals-Cupper

Bootsname		Sealine	Etap 20	Minimo	Bavaria	Flipper	Winga	Saga	Fabola 29	Finnclipper	Darsailor 30	Jouet 940 MS
Bootstyp		MB	SB	MS	SK	MK	MS	MS	MS	MS	MS	MS
Länge	m	5,85	6,05	6,10	7,60	7,60	7,85	8,00	8,80	8,90	9,15	9,42
Länge WL	m	5,27	5,34	5,51	6,91	6,80	6,54	6,43	8,01	7,98	7,86	7,90
Breite	m	2,25	2,30	2,48	2,50	2,90	2,92	2,90	2,95	2,78	3,10	3,30
Tiefgang	m	0,50	0,48	0,55	1,30	0,80	1,25	0,95	1,35	0,90	1,25	1,50
Verdrängung	t	0,95	0,68	1,50	1,65	2,30	3,20	4,40	2,70	3,50	7,00	4,10
Segel	m²	–	17,10	16,50	32,00	–	27,00	34,00	31,00	25,00	36,20	47,00
Motor	kW	125,00	4,00	7,40	6,60	125	17,00	19,00	13,00	53,00	27,00	26,00
Länge : Breite		2,60	2,63	2,46	3,04	2,62	2,69	2,76	2,98	3,20	2,95	2,85
Motorisierung	kW/t	131,58	5,88	4,93	4,00	54,35	5,31	4,32	4,81	15,14	3,86	6,34
Besegelung	m²/t	–	25,15	11,00	19,39	–	8,44	7,72	11,48	7,14	5,17	11,46
rel. Segelfläche		–	4,72	3,61	5,01	–	3,53	–	3,98	3,31	3,15	4,29
rel. Verdrängung		6,49	4,46	8,97	5,00	7,32	11,44	16,55	5,25	6,89	14,42	8,32

173

Bootsname	LM 32	Bertram	Contest 34	Sextant	db 2	La bête maloune	Najad 360	Hanseat	Reinke 11 m	Halberdier	Espace 1100
Bootstyp	MS	MY	MS	MS	CR	MS	FY	MS	MS	MS	MS
Länge (m)	9,75	10,05	10,20	10,25	10,35	10,50	10,75	10,80	11,00	11,00	11,00
Länge WL (m)	8,50	8,48	8,25	8,50	8,73	9,21	9,25	9,10	9,20	8,95	9,20
Breite (m)	3,25	3,81	3,35	3,20	3,40	3,30	3,40	3,50	3,15	3,38	3,65
Tiefgang (m)	1,50	0,94	1,35	1,15	1,90	0,70	1,75	1,80	1,75	1,53	1,65
Verdrängung (t)	6,00	4,30	7,80	7,80	3,15	5,25	7,00	6,30	6,80	9,10	5,80
Segel (m²)	46,00	–	59,00	54,00	67,00	55,00	56,00	53,00	53,00	58,00	44,00
Motor (kW)	27,00	2 × 200	21,00	29,00	20,00	70,00	32,00	33,00	55,00	30,00	37,00
Länge : Breite	3,00	2,64	3,00	3,20	3,04	3,18	3,20	3,10	3,49	3,25	3,01
Motorisierung (kW/t)	4,50	93,02	2,60	3,72	6,35	13,33	4,60	5,20	8,09	3,30	6,38
Besegelung (m²/t)	7,66	–	7,60	6,92	21,27	10,48	8,00	8,40	7,79	6,37	7,59
rel. Segelfläche	3,73	–	3,88	3,71	5,59	4,26	3,91	3,96	3,85	3,64	3,73
rel. Verdrängung	9,77	7,05	13,89	12,70	4,73	6,72	8,84	8,36	8,72	12,69	7,45

Bootsname		MRCB	Banjer	Southerly 115	Fisher 37	Roberts 370 B	Coronel/Elvström	Nauti Cat 38	Hallberg Rassy 38	Azimut	Evasion 37	Dehler 38
Bootstyp		MS	MS	MS	MS	MS	MS	MS	FY	MY	MS	CR
Länge	m	11,00	11,13	11,25	11,30	11,33	11,42	11,42	11,57	11,60	11,70	11,80
Länge WL	m	9,53	10,11	9,22	9,85	9,66	8,81	9,25	9,50	10,11	9,54	9,60
Breite	m	3,66	3,48	3,62	3,65	3,76	3,50	3,40	3,48	4,20	3,60	3,80
Tiefgang	m	0,5/2,16	1,40	0,69	1,55	1,45	1,65	1,60	1,75	1,40	1,24	1,95
Verdrängung	t	5,00	12,20	6,60	14,00	8,50	7,00	11,00	8,50	11,15	8,00	5,50
Segel	m²	35,00	28,00	55,00	66,00	59,00	47,00	65,00	61,00	—	81,00	61,00
Motor	kW	121,00	66,00	26,00	60,00	40,00	27,00	59,00	45,00	350,00	37,00	20,00
Länge:Breite		3,01	3,20	3,11	3,10	3,01	3,26	3,36	3,30	2,76	3,25	3,10
Motorisierung	kW/t	24,20	5,40	3,94	4,29	4,71	3,86	5,36	5,30	31,39	4,62	3,60
Besegelung	m²/t	7,00	2,30	8,33	4,71	6,94	6,71	5,90	7,18	—	10,12	11,10
rel. Segelfläche		3,46	2,30	3,97	3,37	3,77	3,59	3,66	3,83	—	4,50	4,44
rel. Verdrängung		5,75	11,81	8,42	14,65	9,43	10,24	13,92	9,91	10,79	9,21	6,22

Bootsname		Swan	Trintella 40A	Fifty 40	Baltic 42	Lauwersmeer 12,50	Classic 41	AC-Yacht	Espace 1300	Gallart 13,50	Cruise Royale CR 44	Petersen 13,80
Bootstyp		CR	MS	MS	CR	MS	MS	AC	MS	MS	MS	MS
Länge	m	11,99	12,30	12,40	12,48	12,50	12,50	13,00	13,00	13,40	13,52	13,80
Länge WL	m	9,87	10,00	10,40	10,49	11,00	9,93	11,20	11,70	11,00	10,81	10,90
Breite	m	3,80	4,00	3,90	4,07	3,95	4,00	4,10	4,40	4,24	3,96	4,00
Tiefgang	m	2,20	1,55/2,55	1,65	2,40	1,25	1,60	2,35	1,55/2,70	1,75	1,95	2,25
Verdrängung	t	8,20	10,50	9,00	8,40	16,00	15,00	6,00	11,00	11,50	11,50	12,50
Segel	m²	70,00	70,00	64,00	107,00	65,00	109,00	110,00	60,00	110,00	90,00	96,20
Motor	kW	27,00	27,00	60,00	33,00	88,00	74,00	20,00	37,00	96,00	92,00	60,00
Länge : Breite		3,16	3,08	3,18	3,07	3,16	3,13	3,17	2,95	3,16	3,41	3,45
Motorisierung	kW/t	3,29	2,57	6,67	3,90	5,50	4,93	3,33	3,36	8,35	8,00	4,80
Besegelung	m²/t	8,54	7,00	7,11	12,74	4,06	7,27	18,33	5,45	9,57	7,80	7,70
rel. Segelfläche		4,14	3,89	3,85	5,07	3,20	4,23	5,76	3,48	4,65	4,19	4,23
rel. Verdrängung		8,53	10,50	8,00	7,28	12,02	15,32	4,27	6,87	8,64	9,12	9,65

Bootsname		Baltic 48	Tümmler	Ancora	Solution 58	Infinity	Jongert S	L-Voss	Jongert D
Bootstyp		SY	MS	MY	MS	MY	SY	MY	MS
Länge	m	14,64	15,70	15,80	17,50	20,00	22,07	23,00	23,20
Länge WL	m	12,94	13,15	14,46	15,80	18,00	18,44	18,73	18,89
Breite	m	4,36	4,60	4,60	4,80	6,00	5,75	5,70	5,80
Tiefgang	m	2,65	2,22	1,30	1,90	1,10	2,70/3,60	1,75	2,80
Verdrängung	t	12,10	18,00	13,50	19,00	16,00	35,00	62,00	72,00
Segel	m²	108,00	144,00	–	130,00	400,00	257,00	–	290,00
Motor	kW	46,00	110,00	2 × 221	2 × 132	2 × 300	162,00	960,00	174,00
Länge : Breite		3,36	3,41	3,43	3,65	3,33	3,84	4,04	4,00
Motorisierung	kW/t	3,80	6,11	32,74	13,90	37,50	4,63	15,48	2,42
Besegelung	m²/t	8,93	8,00	–	6,80	25,00	7,34	–	4,03
rel. Segelfläche		4,54	4,58	–	4,26	7,94	4,90	–	4,09
rel. Verdrängung		5,58	7,92	4,47	4,80	2,74	5,58	9,44	10,68

177

STICHWORTVERZEICHNIS